国家出版基金项目
NATIONAL PUBLICATION FOUNDATION

"十二五"国家重点出版物出版规划项目

# 走向世界丛书

主编　钟叔河　曾德明　杨云辉

FROM EAST TO WEST

# 严修 东游日记

张毅　陈松　校点

岳麓書社·长沙

严修像

严修题赠照片

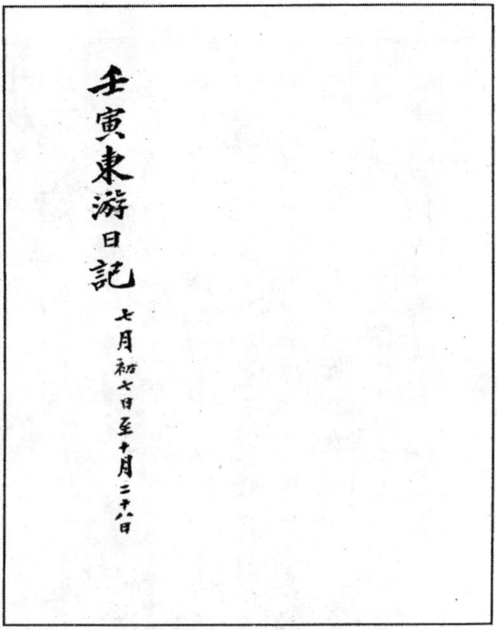


严修壬寅东游日记封签

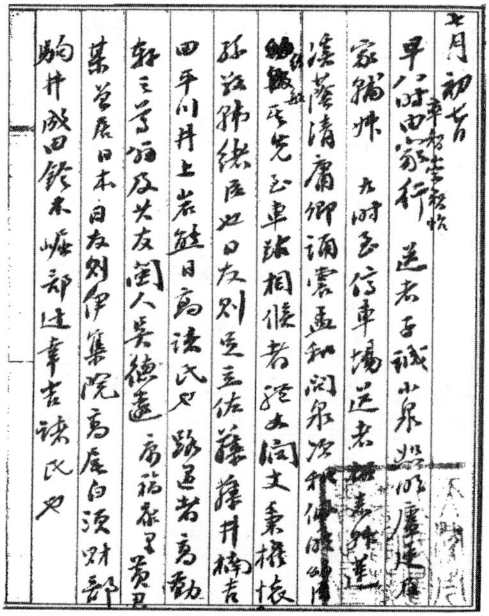

严修壬寅东游日记首页书影

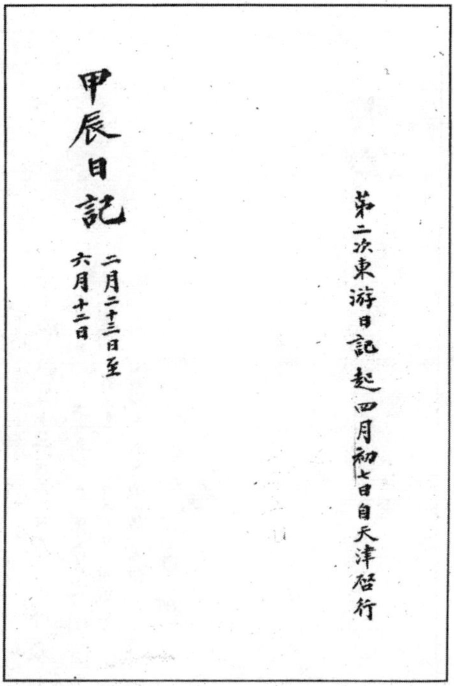
第二次東游日記 起四月初七日自天津啓行

甲辰日記 二月二十三日至六月十二日

甲辰第二次东游封签（四月初七起）

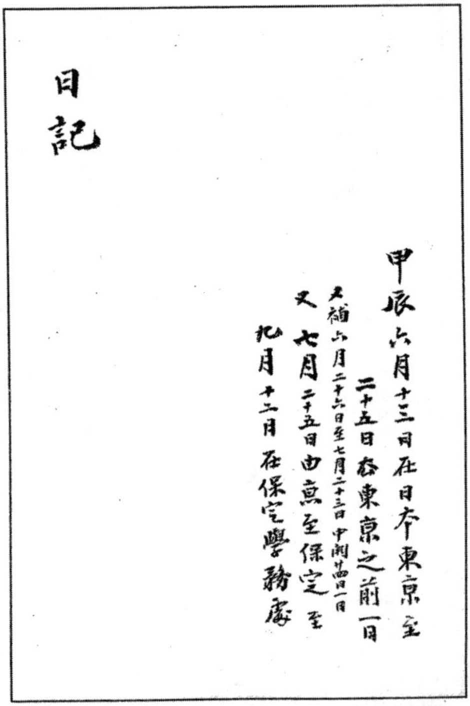

日記

甲辰六月十三日在日本東京至

二十五日在東京之前一日

又補六月二十六日至七月二十三日中闕廿四日一日

又七月二十五日由京至保定至

九月十二日在保定學務處

严修第二次东游日记封签（六月十三起）

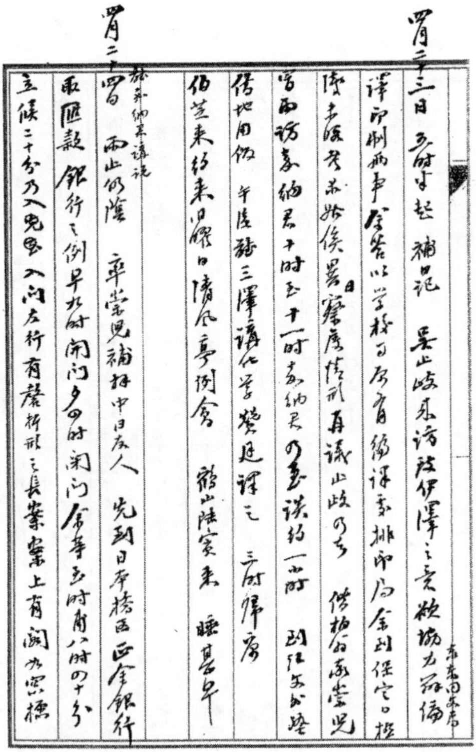

严修第二次东游日记书影（四月二十三）

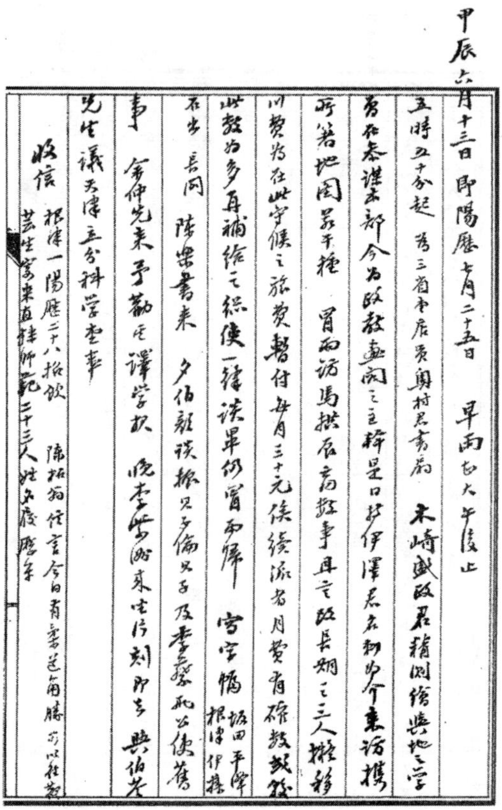

严修甲辰第二次东游日记书影
（六月十三）

# 本册总目□

# 丛书新序

钟叔河

二〇一三年十月

“走向世界丛书”一百种，只收晚清时期 from east to west（从东方到西方）的记述，这并不等于说，只有十九世纪末二十世纪初的中国人，才需要面对走向世界的问题。

纵观人类历史，走向世界决不是什么地区性和阶段性的活动，而是不断出现在全人类发展进步过程中并与之同步的历史现象。一百万年前，人类开始从非洲进入亚洲和欧洲，一万年前，又从亚洲进入北美洲和大洋洲，就是在不断地走向世界。

从有史以来的文献、文物看，三千多年前的《奥德赛》和《出埃及记》，说的是古希腊人和以色列人走向世界——走向地中海和巴勒斯坦。两千多年前的《史记》和《汉书》，写了张骞和后来汉朝“益发使”走向世界——曾走到罗马在西亚的边陲。一千三百年前的《大秦景教流行中国碑》、七百年前的《马可·波罗游记》和四百年前的《利玛窦中国札记》，记下了阿罗本、马可·波罗、利玛窦的 from west to east，这和 from east to west 一样，都是在走向世界。

人类曾因地理、种族、制度、意识形态等原因而互相分离，甚至隔绝。夜郎国的君长初见汉使时问：“汉孰与我大?”当是时，夜郎的世界僻处黔西，其“大”可知；连夜郎都未入版图，则汉之“大”亦远不如今之中国。但人为万物之灵，为了求生存谋发展，总不能老守着自己的一亩三分地，总会要想方设法走向世界——走向更广阔的外部世界。于是，汉要“通西南夷”，要前往原来“道险终不能有”的夜郎；夜郎要问“汉孰与我大”，要想改变原来“不知汉广大”的状况。由互相隔绝变而互相接近，互求了解，这就是走向世界。

走向世界，无论是自己走出去还是让别人走进来（总比让别人杀进来好），无论是主动的还是被动的，从总的历史进程看，用大的历史眼光看，都有利于发展，都是一种进步。对汉朝来说是如此，对夜郎来说亦是如此。两千年前是如此，两千年后亦是如此。上世纪七十年代末开始编辑出版“走向世界丛书”时是如此，如今来继续编辑出版这部丛书时亦是如此。

今天的中国已不再是七十年代的中国，虽然仍称发展中国家，经济总量却早已“超英”，正在“赶美”，但走向世界的路还“漫漫其修远”。时至现代，走向世界当然是要走向现代化的世界，也就是要高度现代化，全盘现代化。“四个现代化”的“四个”——工业、农业、科技和国防，已经“化”出了很大的成绩，而我们的管理现代化，我们的服务现代化，我们的制度现代化……要走的路的确还很长。

现代人走向世界，首先要使自己成为能接受全球文明，有世界知识，有世界眼光，有世界理想的人。“走向世界丛书”杰出的作者，如郭嵩焘、黄遵宪……又如邹代钧、金绍城……他们看到的新技术还是德律风（送话器和最早的手摇电话机)、火轮车（蒸汽机车）……我们如今却已经用上了智能手机、坐上了波音飞机……但在思想层面上，我（不敢称我们）反省自己的世界眼光和世界理想，甚至在世界知识的某些方面，比起一个多世纪以前的郭、黄他们来，差距实在还不小。在这方面，也就是人的现代化这方面，要走的路就更“漫漫其修远”了。

五年前北京奥运会的成功举世公认，它已经成为中国走向世界的一大标志。它的口号：

ONE WORLD，ONE DREAM

“同一个世界，同一个梦想”，这也应该是现代人走向世界的志向和目的，是我们继续编辑出版“走向世界丛书”的志向和目的。

# 丛书原序□

钟叔河

一九八〇年七月

人们常说，今日之世界，乃是一个“迅速缩小的世界”（rapidly shrinking world）。在电视卫星、激光通信和喷气式客机的时代，地球之上各地之间的距离，确实好像越来越短，人们相互间的接触和交流，也越来越方便和密切了。

可是，仅仅在几代人以前，异国还显得那样的离奇和遥远。古代欧洲人说，中国人用小米和青芦喂一种类似蜘蛛的昆虫，喂到第五年虫肚子胀裂开，就从里面取出丝来（Pausanias《希腊纪事》）。古代中国人则曾经相信，西方有种羊羔是从泥土里生长出来的，脐带还连着大地（《旧唐书·西戎传》、《渊鉴类函·边塞部九》）。这类海外奇谈，今天听起来简直不可思议，而在过去上千年中，却一直被当作可信的资料，记载在欧洲和中国的史书上。由此可见，人类文明的发展，经历了一条何等漫长曲折的道路。

为了探索和开辟外部世界，丰富自己的物质和精神生活，各国人民都作过许多贡献。人类文明史像叙说伟大的发明家和著作家一样，将永远铭记着张骞、玄奘、马可·波罗、哥伦布等不朽的名字。我们甚至可以这样说：一个民族从中世纪到现代的历史，也就是它打开眼界和走向世界的历史。

历史的发展从来是不平衡的。当黄河、长江已经哺育出精美辉煌的古代文化时，泰晤士、莱茵和密西西比河上的居民，还在阴暗的原始森林里徘徊。而自从地理大发现和产业革命以来，中国却相对地落后了。在西方实现资本主义的现代化以后，中国还是一个基本上同外界隔绝的古老国家。是鸦片战争打开了中国的大门，也打开了中国人的眼睛。人们称林则徐和魏源为清代最早“开眼看世界”的人，因为西方的坚船利炮打到中国来时，他们首当其冲，亲身感到这个世界在缩小，距离和壁垒再也不能将异国隔离开了。

过去时代的中国读书人，在“严夷夏之大防”

的社会里度过了上千年。封闭的外壳被打破后怎么办？守旧派的办法是把脑袋钻进沙子里学鸵鸟，像慈禧太后的大学士徐桐，见到洋人就以扇遮面。就是这个徐桐，在庚子年间焚香叩请骊山老母下凡来“杀尽洋人”，结果骊山老母没有下凡，他自己的老命却白白送掉了。而林则徐和魏源则不同，提出要“师夷长技以制夷”，主张学习外国的长处，以对付外国的侵略。要学习，先得了解，于是林则徐编了《四洲志》，魏源编了《海国图志》。虽然他们未能亲身出国去考察，书的材料靠间接采辑而来，难免有许多谬误，但无论如何，地里长羊羔之类的神话毕竟不得不逐步让位给常识了。

林、魏之后，中国才开始有读书人走出国门，到欧美日本去学习、访问和工作。容闳、王韬、郭嵩焘、黄遵宪和严复等人，要算是最早的。接着出国的人渐渐多了起来，尽管其中不少是奉派而去的政府官员，但既然去了，就不会不接触近代—现代的科学文化和政治思想，也就不可能不在中国发生影响。

“走向世界丛书”专收一九一一年前国人亲历欧美和日本的记述。自从一八四〇年鸦片战争失败那时起，先进的中国人，经过千辛万苦，向西方国家寻找真理。应该说康有为和在他之前的郭嵩焘、王韬、容闳等人，的确代表了近代中国向西方寻找真理的一派人物。当然，丛书所收的，也并不全属先进的人物的作品；但总而言之这些都是中国人从东方走向西方的实录，自有其文化的意义和历史的价值。

必须指出的是：从鸦片战争到五四运动这一历史时期中，西方国家虽在许多方面比中国先进，值得中国人学习，但国家利己主义的本质，却总是要压迫剥削比他们落后的民族的。中国人走向世界、接触西方，既有一个学习外国长处的问题，又有一个抵抗外国侵略的问题，盲目排外和盲目崇外都是错误的。对于某些作品中不免流露的这类观点，我们将在为各书撰写的叙论中，适当地作些分析，供读者参考。

“洋为中用”是我们今天的主张，也是十九世纪先进的中国人的主张。“师夷长技以制夷”，不就是“洋为中用”吗？当然，随着接触和认识的逐步深入，人们慢慢地看出：仅仅学一点“长技”，搞一点坚船利炮，还是不行的；要救国，只有维新，维新行不通，就只有革命。伟大的革命先行者孙中山，用他自己的话来说，也是在一八七八年出国以后，“始见轮舟之奇、沧海之阔，自是有慕西学之心，穷天地之想”，才树立了推翻清朝建立民国的大志和信心。历史无情亦有情，后人的思想和事业肯定要超越前人，但前人的足迹总可以留作后人借鉴，先行者总是值得纪念的。

今天的世界已不是十九世纪的世界，今天的中国更不是清朝末年的中国。今日之中国，已经逐渐以现代的面貌，出现在世界的东方。但是，世界的进步越来越快，中国的经济和文化等许多方面还需要不断地发展和提高；这就必需继续打开眼界、走向世界。打开眼界以后，还要学会分析，分清好的和坏的。一切好的东西，要拿来为我所用；一切有害的东西，要实行抵制和预防。在这方面，前人的经验和教训，有一些也仍然值得我们注意。

谨将这套丛书奉献给爱好历史和文化、关心中国和世界的读者，希望它能在中国现代化的过程中，起到一点微薄的作用，是为序。

# 丛书凡例□

一、“走向世界丛书”一九八六年前已刊三十五种，二〇一五年起仍按原定一百种的计划继续刊行，仍然专收现代以前用文言写作的国人考察西方（含开国后的日本）的记述，仍以亲身经历、直接闻见者为限。

二、丛书按作者出国年月排列次序，尽量单行，即以一种为一册；字数过少无法单行者，才以两种或数种合订成册。合订本尽可能以类相从，按第一种出国年月排序；其各种均在封面列出书名，书脊则只列出第一种书名，并在其下注明“等几种”（另有附录者则注明“附几种”）。

三、每种（册）书前，均由编校者撰写导言（叙论），介绍作者有关背景和书中重要内容，酌加评论分析，以供读者参考。

四、丛书均经编校者校订，标点分段，并加边批。边批的内容主要包括三个方面，兹以《随使德国记》为例，举示如下：

1. 标题、提要和说明，如“星使由苏州来”、“普鲁士分一十二省”、“演八十日环游地球的故事”、“如夫人即赛金花”、“‘人工’今皆称工人”。

2. 书中较重要的译名（加括弧注出原文或今译），如“德璀琳（Detring）”、“毕驷马（俾斯麦）”、“布莱门（不来梅）”、“德利风（电话）”。

3. 原文的订正和存疑，如“‘公司船’原无船字”、“‘骁勇’原作‘骑勇’”、“‘薛福成’成字原作辰”、“奥京立斯本应是维也纳”。

五、每种书后，均附人名索引，人名依首字笔画和一丨丿丶乚排列，按年、月、日三节数字查检（正文单页码下均有年、月、日三节数字备查）。如德璀琳之“德”字为十五画，于索引“十五画”内检得其名下首列“13，8，17”，查正文“13，8，17”在P. 3下，即可在P. 3上找到

（光绪十三年八月）十七日“乘肩舆往拜税务司德璀琳”的记载。

六、每种书后，一般附有译名简释（今昔译名对照，必要时并加说明），亦依首字笔画和一丨丿丶乚排列。如“卜兰墩浦 Brandenburg，勃兰登堡”，又如“勺勾腊 chocolate，巧克力”。

七、人名索引和译名简释的条目，并不限于边批中所举者；边批中所举者，则必皆收入索引和简释。

八、人名索引按年、月、日三节数字查检，其原书不著年、月、日者，则按篇章序号或页码查检。

九、原文因排印（抄写）而出现的明显的文字错误径予改正，不在边批中注出。

十、原文中同一外国地名而译文不一，如缪祐孙《俄游汇编》中“彼得堡”就有“比得堡”“彼德堡”等异文，因其无碍阅读，故一仍其旧，不予统一。

十一、原文中之统计数字亦一仍其旧。有的表格中之中文或汉码数字，为方便阅读，改为阿拉伯数字。个别已经失去时效、并无参考价值的统计表格，则在说明情况后删去。

十二、丛书以简体汉字印行。除总序、凡例外，编校者所作导言（叙论）、边批、索引中涉及的数字均按现行规定采用阿拉伯数字。

# 叙论：严修两次东游日本的记录□

张毅　陈松

一百多年前，英国人用其坚船利炮轰开了清帝国的大门。沉醉于“天朝上国”迷梦中的统治者却依旧酣睡不醒。第一次鸦片战争失败后的1841年夏天，本应是中国人的伤心之夏，然而战败后的广州并没有陷入失败的沉痛，首席指挥官奕山，被钦命“交部优叙”，赏白玉翎管，其他官兵优叙的优叙、升官的升官，上上下下都在喜气洋洋地互贺升迁。对于他们来说，战争的失败不过是割地赔款而已，中国幅员辽阔、地大物博，割地赔款跟“天朝”以往赏赐、羁縻化外之邦并无多大区别。当时，虽然有林则徐、魏源这样的先知先觉者，致力于收集外国情报、编撰图书、翻译西书等工作，想要“师夷长技以制夷”，可他们面对的不是一个或一群人，而是千百年来腐朽的传统文化与僵化、残酷的皇权统治。他们的所作所为，不过是杯水车薪，无济于事。大厦将倾，独木难支。没有多长时间，第二次鸦片战争接踵而至，外患未除而内患丛生，洪、杨太平天国之乱、中法战争、中日战争、义和团庚子事变、八国联军侵华等一系列事件，搅得大清帝国天翻地覆，使中国进入了“三千年未有之大变局”。孤臣孽子、志士仁人，在中国面临瓜分豆剖的阽危局面下，不断寻求挽救民族危亡的途径。要摆脱国将不国的困境，社会发展的近代化、工业化成为必然趋势，这需要向那些已经工业化了的资本主义国家学习。

中国由此开始了走向世界的漫漫征途。最初是朝廷的外交使节出使各国，他们看到异国的先进发达，向朝廷鼓吹他国政教，却又不为顽固的统治者所认可接纳，反而遭到排挤。如郭嵩焘出使英国，将自己的沿途见闻写进日记，盛赞民主制度。后来将日记呈交总理衙门，引来顽固派的一片责骂。他以国际礼节进行外交活动，被副使兼驻德公使刘锡鸿诋毁为“汉奸”，最终在落寞中死去。容闳博士为派送留学生奔波游说十多年，终于有了第一批留美幼童被派送留学。然而，一旦统治者发现他们有背离其意志时，留美计划迅速被腰斩。在这个新旧过渡时期，中国该向何处去？鸦片战争后的历史表明，中西之间的文明冲突，不仅是器物方面的物质文明的不同，也不只是传统农业社会与现代工业社会的制度文明之不同，更是思想文化和教育体制的不同。本书的作者——南开系列学校的创始人之一严修，就是生活在这样一个中国社会急剧变化时代的风云人物。

严修（1860——1929），字范孙，先世浙江慈溪人，七世祖经商北来，定居天津。第二次鸦片战争期间，严氏举家避难直隶（今河北省）三河县，1860年严修出生于此。严修接受了完整的传统教育，并在科举制下获得了功名。23岁中举人，24岁中进士，选为翰林院庶吉士。历任翰林院编修、国史馆协修。在供职京华期间，他孜孜不倦地研习西学，开阔了自己的眼界。1894年10月，严修赴贵州学政任。赴任途中听闻甲午战败的消息，深感科举学用脱节，不能作育人材之弊。任职期间，他创议开设书局，变通书院，兼业中西，开贵州新学风。1897年10月，他奏请朝廷开设经济特科，不拘一格选人才，得旨允行，开戊戌新政之起点。然而此举引起顽固派的强烈不满，以致他的老师，翰林院掌院学士徐桐将他逐出师门。1899年4月，严修卸任贵州学政回京后，翰林院官职被免，他只得“请假”回津，在家塾的基础上进行教育改良实验。庚子事变使严修大受刺激，发愿要走“教育救国”的道路，希望通过教育开启民智、造就人才。

在中国如何走向近现代化的道路问题上，严修选择了教育，他多次东渡深入日本社会，均带有教育考察的性质。既然日本社会的明治维新在学习西方上取得成功，那么也可以从日本引进西方先进的教育理念和体制。1902年8月10日，严修由天津起航，踏上了为期两月馀的第一次日本考察之旅。在日本考察时，他“见彼邦社会秩序良好，交通发达，实业振兴，而人民工作勤，知识富。即贩夫走卒，于闲暇时，亦无不人手一报，明悉国家世界大势。叹曰：是非由教育之力不为功”。第一次考察回国后，严修以极大的热情投入改良旧式教育和创办新式学校的活动中。他联合天津的有识之士，积极推动地方小学的发展，成立天津第一所正规小学——民立第一小学。同时，还成立师范讲习所和教师研究所，提高小学教师素质。最值得一提的，是他同张伯苓以自家家馆和王益知家馆为基础筹办南开中学，为南开系列学校的创办打下了基础。在严修的带动下，到 1904 年 3 月，天津创办新式学堂达十馀所。这引起了当时的直隶总督、参政大臣袁世凯的注意，他邀请严修担任直隶省学校司（后更名学务处）督办，负责筹划、主持直隶教育改革事宜。此后又于 4 月中旬偕同张伯苓等人再次赴日，进行历时两月馀的第二次考察。两次考察过程中，严修都留下了详细的记录，这就是《壬寅东游日记》和《甲辰第二次东游日记》。

民国建元之后，他又于民国元年七月至九月有第三次东游日本之举，因为不在本丛书范围之内，因此本书没有收入。

严修东赴日本，每一次都一天不落地做了记录。涉及的范围之广，更是令人惊叹，举凡船工工作情形及薪资报酬、老百姓的日常生活及工作状况，日本的工业、学校、监狱以及中日社会名流间的交游等等，严修都为我们留下了第一手的历史材料。通读严修东游日记，可以看出严修的关注点基本集中在以下几个方面。

一是对日本经济社会的考察。严修对日本的工业发展非常关注，这一方面是由于中国工业的落后，另一方面或许与当时中国盛行的“商战”思想不无关系。严修两次日本之行都参观了工厂，且对于产品的生产过程、职工的工作时间和薪资水准，他都进行详细记录。甚至每一次所乘船只的吨位、舱位设置、服务水平都尽收他的笔下。并将各方面都与中国的情形进行比较，反思中国与日本的差距。中国的商品为何较他国廉价，中国何以贫穷，他国何以富强？严修对于这些问题的思考，贯穿考察始终。还有对日本法院、警视厅、监狱等政府部门的考察，包括到法院听取案件的审查，向日本人咨询法律完善之方；考察日本警视厅的机构设置、人员构成；记录日本监狱的管理方式、服刑人员的生活和工作状况等。在当时中国的现代政治体制以及法律制度没有建立起来的情况下，严修能够注意到这些方面，可以说抓住了社会问题的重点所在。想要知道一个国家的文明程度，看看它的监狱和学校就能知道个大概了。对工业经济和社会管理的重视，成为后来南开大学“文以治国、理以强国、商以富国”的办学理念之滥觞。

二是对于文化建设的考察。严修本人不通日语，跟日本人交流要么采取笔谈的形式，要么找专人进行翻译。在第一次东游的船上，他与福士德太郎笔谈东西文化。福士认为应各有立国之本而采他人之长，用泰西文明的利器开我富源而与之竞争。严修感叹日本一个买办的副手竟能够留心事务，且言之成理。在与大隈重信见面过程中，严修最关心的是智力日进则德日退，抑或是智与德兼进无退的问题。他与大隈重信均赞同二者兼进无退。当有人问大隈重信："日本之文明但取诸欧美乎？抑兼用本国乎？"大隈重信回答："取人之文明则己之文明自进。"严修极表赞同。可以看出，严修在文化建设方面赞同一方面吸取西学，一方面坚守自己的本位。从十九世纪的"中体西用"论到二十世纪的"全盘西化"论、"民族本位"论，再到二十一世纪各种理论甚嚣尘上的今天，中国文化建设的道路该何去何从？他山之石，可以攻玉，我们审视百年前严修笔下的日本，或许可以将思考引向深入。

第三就是对日本教育的考察。严修最关心的还是日本的教育，在他的东游日记中，关于考察学校的记录几乎占据一半有馀。从幼稚园、小学、中学一直到大学，从女子学校、音乐等专科学校到聋哑学校，各种类型的学校都在考察范围之内。每到一个学校，他即请专人引导，参观学校各处。学校的建校以及运转费用、学校建筑规模大小、规章制度、教职员构成、员工薪水、学科建设、学生人数、教学方法、课程设置等等，只要与学校有关，他都不会放过。严修十分重视教学活动，他经常到学校听课，并做详细的记录。幼稚园中保姆有多少，小孩子如何玩游戏，游戏内容是什么，他都一一笔录。他还观看学生做体操，听老师们讲手工课等等。如果一个老师的教学方法很有成效，他甚至会观摩多次。第二次东游时，他曾十赴文部省听松本参事讲课。从严修的日记中我们可以发现，他赞同从德、智、体、美等各个方面对学生进行教育，促进学生的全面发展。

严修考察回国后，积极推动新式教育的开展和新式学校的建设，建立新式小学、师范学校、女子学校等等。最终，在他的支持下，张伯苓创办了南开大学。南开系列学校成为中国教育史上的一段佳话，而今依然是中国教育界一道亮丽的风景。也许会有人觉得严修日记中所记载的多数内容平淡无奇，然而看似寻常最奇崛，寻常的事物里往往有深刻的体验。我们可以平心静气想想，反观今日的教育界、文化界，我们是否已经完成百年前应该完成的任务？我们也可以抱着“同情之理解”，想象一下百馀年前的中国社会，稍稍体会一下先辈们筚路蓝缕以启山林的创业艰辛。在日记中我们发现，除了生病，严修基本都在到处奔波考察，不顾风雨。单凭这股不辞劳苦的毅力，就已经值得我们好好重读先贤日记了。

教育的近代化是整个中国近代化的基础，而严修是奠基人之一，堪称中国近现代私立大学之父。一百多年后，中国还在进行着严修当年构想的教育救国梦，诸如追求教育体制的完善、国民素质的提高、文化的进步和国家的富强等。严修日记中不少内容至今还具有启发意义，重读他的《壬寅东游日记》和《甲辰第二次东游日记》，仍能够启迪我们心智，引发我们思考。

编者按：

严修的日记中，涉及人物非常多，而且很多只记其字号，而不记其名，且用字较为随意，比如记张伯苓，就有伯龄、伯苓、柏苓、伯翁等，记李金藻，则有李芹香、芹公、芹香等，还有如“陆宾”又写作“鹭宾”“渔三”又写作“渔珊”“竹香”写作“著芗”“著香”等，书中一仍其旧，读者识之。

# 严修东游日记□

| | | |
|---|---|---|
| 光绪二十八年壬寅（1902） | | 第一次东游 |
| | 七月 | 七日自天津启程 |
| | | 十三日至日本大阪 |
| | 八月 | 三日至日本东京 |
| | 九月 | 十四日离开东京 |
| | | 二十三日离开大阪 |
| | | 二十九日返抵上海 |
| | 十月 | 二十八日回到天津 |
| 光绪三十年甲辰（1904） | | 第二次东游 |
| | 四月 | 七日自天津启程 |
| | | 十一日至上海 |
| | | 十四日上海出发 |
| | | 十六日抵日本长崎 |
| | | 十九日抵达东京 |
| | 六月 | 二十七日离开横滨 |
| | 七月 | 初三日到达上海 |
| | | 十一日返回天津 |

□ 据南开大学图书馆馆藏抄本

□ 张毅　陈松校点

# 严修东游日记目录

28,7,7

# 壬寅东游日记（光绪二十八年壬寅七月初七日起，十月二十八日止）

七月初七日　早八时，率智崇、智怡由家行，送者子诚、小泉、恕明、赓廷及家辅叔。九时至停车场，送者柘表叔、莲溪、荫清、庸卿、诵裳、孟和、问泉、次和、佩明、幼臣、约敏。其先至车站相候者，体丈、润丈、秉权、怀孙、敬韩、绪臣也。日友则足立、佐藤、藤井、楠、吉田、平川、井上、岩熊、日高诸氏也。路遇者高勤轩之尊翁及其友闽人吴德远寓福康里、黄君某曾居日本，日友则伊集院、高尾、白须、财部、驹井、成田、铃木、崛部、辻幸吉诸氏也。 由家启程 众友相送

九时十五分车发，十一时半到塘沽，送者寅皆、鹤筹、伯龄三君子也。木村旅馆饭，遇岩熊，拉之同席。

一时登小火轮。行李壅塞，无插足地。王张三君子不及待开船而去。

同舟者锅仓直、青柳笃恒日高绍介、塚谷孝二郎、和 同舟之人

田舍私立神丸事务长，伊集院、川本绍介、会田井上介。二时船开，五时至立神丸泊处，六时半开行。

立神丸船船长等人

识船长荒川次郎、事务员福士德太郎、给仕人饭塚氏预给四元。

又识机关长理上道太郎、一等机关士渡部敬治、二等机关士安村弥吉、三等机关士小柳津尧作、一等运转士栉引繁之助、二等运转士森田磬次郎、三等运转士吉谷外次郎。此外，事务部有秋叶、高桥、近田、小山、吉田诸氏。又，木工岩城和三郎。

福士君以李提督添顺所书诗幅示予，且索予诗，因次其韵云：

海上风催一叶舟，酒酣长啸按吴钩。
壮怀易尽吾衰矣，尚欲乘槎问斗牛。
理上君谓予似五十许人，故第三句云然。

船中作息饮食等

七月初八日　每日五时半电灯息，六时备盥水，盥讫，七时进加非茶一杯、糕一枚。八时早餐别有膳室，西洋食日三次，皆同。十二时午餐，三时后加非茶，六时晚餐，电灯然。

福士君告予避眩晕法，曰：静坐纳凉风，时时逍遥。甚妙！余从其数，终日散步船面。

船至烟台

一时到烟台泊焉英人来验病，手持一纸核人数，和田君一一指告之。数既符，乃去，船又前行，又少顷乃泊。

锅仓乘木船之舢板登岸，招余三人共载。赴荣升栈梳发并买茧绸三匹。

28,7,9

福士索书，应之。由是索者踵至。

由大沽至烟台，凡行十九时顷福士云，百九十一哩半。

七月初九日　晨至仓舱面观装货者，遇一华人，吉冈洋行之司事也。谈片刻，闻此地出口货为丝、乌鱼、桐木日人制屐用之。青柳君言，制屐亦有用他木者，但桐为贵耳。又闻，出口货有甘草、鸡卵、草帽辫。

福士言，此地山皆秃，曾有日本地质学家言，北清之地非不可植树，人自不植耳。

理上君言，"相模丸"容一千六百吨，"立神丸"容二千七百零三吨，故"相模"不如此船之稳。

十二时船开行。福士云，芝罘、门司间五百七十六哩。

福士又索诗，口占一绝应之：福士索诗

海风拂拂海云高，赤日中天射碧涛。

与子当风迎日坐，大东奇气属吾曹。

四时过刘公岛，见英舰七艘。以远镜窥见威海卫，口占一绝：

风号威海岸边树，泉咽刘公山下石。

终古天青海水碧，不见老臣心血赤。

与福士笔谈。福士问吾国教育之方针。予言，各省方遣人赴日本考察。近顷，吴京卿亦奉朝旨东游，待其归国当有建白。福士言，采他人之长固善矣，然必各有其立国之本，故不得尽与人同。又言，泰西极盛难继，今虽虎视东亚，要未可以长恃。吾两国唇齿相捄，宜采泰西文明之与福士笔谈利器，开我富源以与之竞，云云。事务部分长所职，与招商局船买办略同，福士乃其副耳，而留心世务，言之成理如此福士毕普通学后习商！

七月初十日　风平浪静。

与青柳笃恒谈教育

青柳君操北京语甚工，与予谈日本学校大略，且言师范学校之程度与中学校相若，但入师范学校者较庄重老成，因此校专为养成教育家，故有特别之美德。

英文假设词用过时字，殆与华文“向使”二字合。

福士谈俄国人

予问福士，俄人亦有乘日船者乎？福士示余一诗，有“欲向鲁夷竞国威”之句，故余问及之。曰：然。冥顽粗野不知礼者多。船员大困。曩者，一女子当食顷发怒，将挥刀斩给仕，其横暴如此。又言，接人以平等，遇人以一视同仁，人生之大道，亦国际之通义。我与鲁素无恩仇之可言，接吾以道，吾亦以道遇彼耳。吾人之所期，蹈正而不畏也；生死于我何有哉！复推论泰西之蓄意吞噬黄种人云云。

午后东北遥见有山四段，在南者两段。

二时过梅花岛，距船甚近，似不足一里。山凡五峰，最大者如覆釜，一小者在其南，又三极小者在其北，皆较最大者为锐。自过梅花岛后，岛渐多。在右者如丘如阜，以数百计，断者多，连者少；在左者则蜿蜒连亘，层峦复嶂，断者绝少。船长谓是朝鲜南部诸岛。

五时见一帆船。

午后水复变浅碧，向夕色又深，岂因日光有浓淡欤？

28,7,10

俟质知者。

昨夕木工岩城氏与余笔谈，问吾国木工日得钱几何。余曰，以天津论，大约三角有奇。岩城甚廉之，曰，日本最廉者七八角，多者乃至一元有半云。西书尝论工价之贵贱与国之贫富有关系。吾津今之工价，较庚子乱前已增一倍矣。然视日本犹不及其半，况与西国较乎？岩城识字颇多，且通浅近算法，吾津木工盖不多见。价之贵贱仍视其巧拙为差耳。欲富国者盖可忽乎哉？ 谈木工之工价

日本邮船航天津者三："立神丸"也，"高砂丸"也，"相模丸"也。皆不道高丽，其之高丽者二："玄海丸"与"日东丸"也。"高砂"、"立神"、"相模"或由天津而神户，或由上海而长崎，轮流相间此说再考。 日本邮船航天津者

"仙台丸"之触礁也，即在高丽近处，今夕所见多岛屿处也，其地甚险。以上二条皆青柳君言。

八时后过一山，在船之左。上有明灯，疑是灯塔之类。

十时过太郎岛在船右，山足有灯光约十馀处，或曰：渔舟也。

自发烟台皆向东南行，闻自此以后即直向正东矣。

船楼之前两隅各悬一灯，左红而右绿，为皆夜中辨船之去来，以防误触也。

七月十一日　五时半起，盥漱后登船面。天阴。激风浪有白花。船觉摇荡。荒川、福士皆问余眩晕否，而余殊无所苦，盖遵福士纳凉风之教之效也。青柳君及智怡皆高

卧不出。

发天津之前一日，井上君给药粉若干裹，备防晕船。余上船之后，服之数次矣。一日与会田谈及之，会田曰：殊不济事，不晕时无庸服药，晕时服亦无益。遂止不服。

过对马岛

八时过对马岛，在船之左，山色葱绿。渡部敬（所）〔治〕君指正南谓余曰：彼，长崎也，与此岛正对。

水色深蓝，船长云，此处已入玄海矣。

八时饱食讫，散步观涛。白浪奔腾，声势壮阔。

西南有远山，以图考之，当是壹岐岛。渡部君以为九州之边境。

黄海舟中赋诗

朝试测远镜，万里清如洗。
借令地非员，吾家指顾耳。
初十日黄海舟中

百万星球地居一，四分且让水三分。
棕黄黑白总同种，南北东西何足云。
儒墨卮言原破碎，佛耶界说更呶纷。
争存物竞有时定，至竟终须合大群。

昨日福士笔谈，愤西人之虐黄种，戏作此示之，虽是戏言，将来必出于此，特今日非所宜言耳。

对马岛之前有一小山，山上有灯塔。

南有壹岐北对马，洋洋玄海贯当中。
未知徐福回舟日，行到何山道遇风。
漫成

船面上系一悬榻，试卧其上，甚适。船虽摇不觉也。

过白岛见红白灯塔

四时过白岛，山色葱秀，两山之间，一石如人立形。

28,7,11

远见灯塔二，一红一白。问之福士，福士以笔答曰："白者白洲灯台也，红者大文字也。"

红灯塔于水中洲筑成，以砖为之，其旁近又一小洲，空无所有。

过红灯塔后，岛屿益密。有所谓"六连岛"者，因六岛相连接也。

自午后南岸山迤逦不断，重重复复。北岸则将至马关时，山势始连接也。

四时半停舟六连岛下，山麓系一小火轮，盖检疫官之所乘也。山上有检疫所，少顷医官来船，验讫，船复行。左右皆山，迤逦萦拂，左折而入港口。六时半下碇。右岸为门司，左为马关；左远而右近。 停舟六连岛下

六连岛有灯塔、炮台，有医官住所。海水环抱，风景绝佳。惜格于禁例，不得撮影（凡有炮台之地皆不许，违者罚三十元，器没入官。今年有德国妇人于马关撮影受罚如例）。

民船以白布为帆，一船有多至十数者，纵横相间。

船泊时来小火轮三艘，又有舢板揽客者，凡客欲下船，则有冠红者为之运行李。或登小火轮，或登舢板，须臾事毕，寂然无声。

马关、门司两岸灯火之多殆可相埒，而门司以近船故，尤觉光彩夺目。暮山苍然，维以烛龙。海波清澈，凉月倒影。潮声淙淙，时闻鸣汽。此境真画所不到。福士督予为诗，强凑二十八字： 马关门司灯火相埒

万顷烟波满轮月，两行灯火四围山。

他年编订东游集，第一佳题泊马关。

门司电灯多于马关，倒影入海如灯柱然，排列极匀，亦奇观也。

生小狎风涛，家风吁已远。

三千童男女，知历几重险！

观装煤

七月十二日　五时半起，观装煤者。船之左右各傍煤船两艘，船肋缒钓梯，人夫自煤船缘梯鱼贯相接，直至船面，近入煤之圆孔而止。人持一贮煤柳筐，自下而上，传相授受。船面则三五妇人，承其筐而倾入于孔内。别有人敛其倾讫之空筐，还掷诸煤船之上，以备后贮。循环不已，起运甚速。每一煤船用夫约三四十人。

日本苦工每日资金自七八角至一元不等。

福士言，马关至东京之汽车因时疫盛行，停止不开，故日内来趁船者甚多。

观运搬夫为客运行李，谨而敏，无喧竞者。

马关山炮台十二处

马关山上，凡炮台十二处。

香山唐秀丰（宝锷），即与戢元成同撰《东语正规》者也，充长崎领事馆翻译。今因公使电召赴东京，由此登舟，余遇之于二等室，谈良久（秀丰即酉石之兄，后于闲话中得之）。

一童子冠学生冠，冠之前嵌一“高”字，问其名久贺雪太郎。年十四，高等学校四年生也。从其父兄，将省友于东京。

28,7,12

闻朱伯渝在闽，戢元成在沪，唯冯孔怀尚在东京使馆。

午前□时行。

周防洋中山色苍茫，波文骀荡。帆船渔艇，络绎往来。不必谓之海，直谓之湖可也。

四时过祝岛，大小各一，在船左甚近。五时半过平郡岛在南，其对面为上ノ关岛，两山之间通上ノ关。又，大岛在北。六时后过伊豫国边境，云雾中望见之。

暮，风力颇壮，偶见白浪，然舟行甚稳，帆船来往自若也。舟稳时，目视船之横栏与水边之接天处为平行线，摆时则乍离乍合矣。

今晨，煤船苦工衣多褴褛。同舟有法人之从者通州宋某谓予曰，日本何尝无苦人，其来吾国者皆富于财者耳。 煤船苦工衣多褴褛

晚，风力益大。携酒就福士室共饮。福士索诗留别，因书一律于其日记册上云：

与君海上初相识，不道君情海样深。
航路风涛频劳问，旅人甘苦剧关心。
时倾佳酿供予醉，强索诗肠为子吟。
临别黯然欲何语，访君他日到青森。

青柳绍介二人，一武富邦鼎，一大野丰四。

同时又识二人，一井本庆四郎，一松永祐。

松永君为余书日本学校课程大略：

正派　小学校四年 日本学校课程大略

习字アイウエオ等　　作文造句

读书读本　　修身忠孝勇爱国等

体操　　地理日本、万国

唱歌　　历史日本

算术加减乘除四则、珠算、笔算理科格致

高等小学校二年或四年，四年者得入师范学校

课程同前，其深浅再考。

中学校五年

高等学校三年

大学校三年法学则四年，医则五年

法科法律、政治　　工科机械、土木、电气

农科牧畜、山林、农　　医医、药

文科　　理科

过淡路岛　七月十三日　八时后过淡路岛，在右。其迎面偏左山势蜿蜒者，渡部君以粉画壁相示如下：

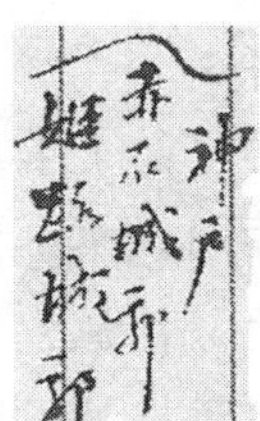

（作者手绘）

一路帆船不绝。

弘文学院月入二十五元，饮食、衣服、医药皆取给焉，仍还付三元为零费。秀丰云。

九时三十分轮停候检疫者，验讫复行。十时二十分至

至神户港　神户港。将行李交西村旅馆人夫，唐君为照料。交付讫，

28,7,13

乃同登小轮船至码头上陆。与和田、青柳诸君作别。

同唐君至税关。中设长案二，凡手荷物有人一一检视，不论其为何国人也。唐君物受验讫，余父子三人之行李已尽交旅馆人，手中一无所持。因约唐君至旅馆茶话。少顷，旅馆人已将行李运至。税关来请，一人持钥往，智怡往而唐君与之俱，唐君悉认为己物，遂竟不开扃。留唐君同饮。《神户新闻》记者竹中清来叙话，唐君略告以予之行踪及来意。

至领事馆

饭讫，唐君约同至领事馆，晤西文译官王应珍绍贤，亦香山人，曾在香港书院就学。谈许久，余三人借地理发面。

闻华商居此者有一千三四百人，粤人为最多。此间进口货由我国来者，牛庄豆饼为大宗，出口则火柴为大宗。曩年，领事馆时有讯鞫之案，自日本收回治外法权，署中遂清闲无事东京使署及长崎、横滨领事署皆然。他国亦然。王君言，当日本之初收法权也，有西人某犯事，将致之狱，其人曰：尔国之狱非人所居，吾不能堪也。曰：如何乃可？曰：必如我国之狱，如何如何乃可。则鸠工兴造之，工讫，卒致其人于狱，法遂信行。案，此说与后来在东京所闻不尽同耳，年月亦似未符，俟再考。

日本议抽身工税

又言，日本自去年议抽取身工税案，似即营业税也。一人一年所入工资若干分而取一，他国寄居者同例。各国领事会议拒之，而日本卒不听其言，曰：各国之人既得内地杂居矣，吾国一律保护矣。今吾国人远行之例而他国人独违抗，非义也。有违抗者则依法封禁其产业。他国人无如之何，法亦信行。后闻黎伯颜云，此后尚恐大有争论。

唐君言，日本自开内地杂居例，各国人得随处游览。后闻周庆钟云，伊五年前偕陈瀛洲游西京，甫下汽车，警察者问所之，则姑诡应之。警察人则告人力车夫曰，送某至某处，待其事毕仍折回，乃竟不得纵游。其拘如此，今则大不然矣。

王君又言，从前各国人居神户者，以海岸近傍为租界。自有杂居例，遂废租界之名，随处可居，计地付租，与本国人同。

神户设领事十四国

又言，于神户设领事者凡十四国：英、法、美、俄、德、奥、瑞典、哪威、荷兰、巴西、西班牙、比利时，合之中国凡十三，其一则或意或葡，予今记忆不真矣。

又言，神户有吾国人私立学校，专教华商子弟。学生百馀人，自七八岁至十五六岁皆有之。教习华人三，日人一。今方在暑假中，未开学也。

理发华人二十馀人

理发人黄姓，黄县人。言月可得资二十馀元，食宿费其半。中国业此者有二十馀人。又言，自中东战后，百物昂贵，价倍于前。

离开神户

理发毕，辞王、唐二君回旅馆。馆人发电话致大阪中ノ岛花屋，便遣人至车站迎，而西村之人送予等至三ノ宫车站，行李皆伊代运。买二等客票三张。馆人言，二等例得携六十斤，核计恰符其数。王、唐二君来送行送行者买送行票，乃得过桥至车前，返时缴票如乘车例。三时四十六分车到，登者纷忙，迫不及待。坐初定，车已开矣。车站乘客坐待之处曰“待合室”，一二等同一室，三等别一室，

28,7,13

皆精洁。中设长案，置新闻数种供客。待合室之外有木栅，车将到，人由此栅出。出者必持票，一人剪票放行，乃登大桥，桥制与吾津老龙头车站所设略同。唯自始登以至降尽，其上皆有屋顶，盖由待合室直至汽车之前，虽遇雨无庸张盖也。车到时，行客木屐之声清脆杂遝，颇觉聒耳。待合室内外，各市廛牌号点列甚多，五光十色，绚烂之至。开车后，历住吉、西ノ宫、神崎诸站。

至大阪

四时四十分到大阪梅田车站。花屋之人已来迎候，乘人力车往焉。花屋在中ノ岛三丁目渡边桥之南，临河，东向登其楼，窗临堂岛川，岸边垂杨数株，清秀可怡，楼舍精洁。执役者皆女使，稳慎勤敏，事事有纪律，不烦絮语也。浴毕晚餐。晚餐讫，乘人力车赴西区幸町一町目十二番地访清水芳吉君，君适他出。晤其夫人，兼见其尊堂。候二刻许，君归，智怡与之叙话良久，固留宿其家，余固辞，乃约步游道顿堀、心斋桥通、美术馆诸处。在惠美须桥下与清水君别。九时归旅馆，十时就寐，衾褥袂洁且设蚊帐。

访清水芳吉约步游

西村领收证录后：

四人车代六十钱。

荷物车代七十二钱。

四人昼饭三等三元六十钱。

三ノ宫四人车代二十八钱。

三ノ宫荷物车代四十二钱。

大阪电话料一通二十五钱。

付价讫，盖小印加印花焉。又付茶代三角，亦付书证一笺。

七月十四日　日曜日，花屋宿。六时起，七时朝食。八时半，三人乘人车赴东区瓦町二丁目三十九番，访田岛正直君门外署“田岛公证役场”木牌。先见其夫人及渡边、门奈、宇治三君，又田岛君义子。茶话片刻，出写真册视客。田岛君归，又谈片刻。因亟欲访孙实甫，遂别去。到川口町三十二番地益源号访实甫晤谈，兼晤何、袁二君。

公使与留学生龃龉事

实甫谈公使与留学生龃龉事甚悉，馀未及细问。十一时半归寓。一时，清水君来，为谋移居事，因居花屋费太重也。俄大阪清语学校师西岛良尔偕其友林达道俱来。西岛君居汉口、上海数年，通吾国语言，所著清语书数种，日本人颇争购之，即其家设清语学校，学生三十人，林君其一也。日课二小时。林君乃佛弟子，其名刺署曰“大讲义前壹位”。

西岛君有事先辞去。林君、清水君陪余三人游大阪商品陈列所。门外每人纳金二钱，买票持入。人给一图，图中有陈列所照相，有各国货币表，有汽车开行时刻表。

见本室即样品室

颇黎即玻璃

先入其外国品见本室，所列如织品、陶器、服饰、金类、角类、纸类，不可殚述。或立柜，或横几，皆镶以颇黎。其式或纵或横，或平或立，或方或长，琳琅璀灿，光彩夺目。某国送附，某地出产，某地购得，某价本几何，各书于纸牌，或粘之，或系之。就中货品，以英国为极多，触目皆是。次则美德两国亦颇夥颐。吾国之产，就吾所见，纸类则广东制贝岭纸、长江草纸、色付口洋绿纸、上南机

28,7,14

纸、色付切腊年纸、黄信纸、机器黄粉纸、原垂桶纸，色付类月双笺、连县棉笺、玉和笺。髹器类则湖南栗色颜洗、螺钿笔入、汉口描金盒子、描金八角盘、铜油涂革笺盒、沙市赤涂颜洗、寄木盘、广东金花篮、金色瓜篮、贵州帽立（黑地描金甚精）、果子盘、鸦片具立之类。其但注“支那”二字未详某省者如线香、金茄香、丹桂香、花瓶、小茶壶桶、牙章、金镯、红茶、象牙、烟卷入、漆描金茶箱、正青皮衣箱、朱红帽筒等物。崇、怡二人所见，有天津之磁油盒（甚粗），上海磁盘、磁碗等物。楼上亦外国见本品，大率皆西洋之制，支那恐不可得矣（楼上有图书部，仓卒未得入览）。下楼入内国见本室（“内国”犹言“本国”也），甫览一室已至闭门之时限（每日八时半开，四时半闭），遂出。 中国样品

将归寓，路过一门，署名曰“广濑长康”，即岩村君之至友、去年导崇、怡二人赴神户观军舰者也。此次有岩村君托寄信，又余拟赠以纸笔诸品而未详其居址，适无心遇之，甚喜。投刺入门，茶话片刻而出。其地即花屋之对岸，登桥可彼此望见也。

同清水君至朝日新闻社（即在花屋南），主笔者内藤虎次郎，即撰《燕山楚水》者也。叙话毕，导观其印字工场。有制纸模者，有熔铅者，有印纸者。其法先以纸料搅成稠浆，倾于半剖之圆罫内如竹半剖，以预先排好铅字之半圆模轧之，上以水由孔灌入此处未辨明，下以火炙，炙干遂成一纸模。字形皆凹，极其清朗。乃以纸模入筒 至朝日新闻社参观印字工场

内，灌以流质之铅，又成一铅模，始发印字处。印字机凡四台，每台有缠纸之轴，粗如辘轳。彼端有铁栉，纸过机轮有刃切断之，铁栉则扇使平放于案，一人随手检之。内藤云，每一机器一小时可印一万五千张，多可至二万张。日印三次，销报约十五万张云。

邀清水君至旅馆晚饭，饭后同访西岛君。谈次，清水君、林君为商旁近之旅馆大长方未谐，又约予三人同访中川旅馆。中川之少主人即清语学校中三十人之一也。登楼叙话，商议允谐，定于来朝徙居。

是日孙实甫来电话，欲见访，电话复之，约明早至彼处。

晚乘船归清水、堀井、中川三君偕，十一时回寓。

七月十五日　滨田磐吉来访；昨晚途遇之，属今晨相候，九时来，十时去。辞花屋出，智怡携行李赴西岛家，余率智崇至川口访孙实甫。因访张冠三于三十二番，访张风斋于六十六番，遇吕祉堂、尹子庚。访陈瀛洲于七十番，遇郝君仙坡。皆津人。皆匆匆一谈。于张冠三处知阎小山东京寓所。

十一时到清语学校略坐，西岛君陪往中川旅屋。

午饭后写寄筱山信与商宿所。

访每日新闻社正遇其火灾

西岛君约赴大阪每日新闻社，至则社有火灾，方扑灭。救火者、望火者肩摩趾错于门外，未得见其主笔人，但各投一刺而归。火灭后，主人当门设几，几上设盘，以纸书“受附”二字粘于几之外边。凡来慰问者皆投刺于

28,7,15

盘内，一人候而颔谢之。顷刻间凡数十起，救火时情事未及亲见，唯见有人拖水龙之皮袋过门而去。

西岛君别去，余三人访山田锽子。锽子者，山田某之妻而大野舍吉君之侄也。去年，大野君偕两儿来游，寄宿于田岛君家。山田与田岛兄弟也，故田岛君使锽子照应。大野君行踪无定也，又以两人托之于锽子，锽子尽心照料，出入必偕。设两人不白而出，则必穷究其所之而迹至之，或遣人访求之，盖不异约束其幼弟也，凡一月之久，家人至今感念之。今次相见，情意真挚，视予若尊长。锽子闻庸儿之死，泣下者数次，余亦心酸，若不自持，含泪欲下矣。谆谆留晚饭，不忍却，饭后归。当山田治庖时，余三人步至街前一览。行者居者见异国人，皆来聚观，盖大阪虽为各国商民辐辏之所，然悉在川口町一带，他处绝鲜。川口町亦以吾国人为多，西洋人绝鲜。 山田锽子

锽子为淇澳小学校教习，设馔之所即校舍也。今暑假中未理课。录其壁间所揭课程如下：

淇澳小学课程表 月即月曜日星期一下类推

| | 第一时 | 第二时 | 第三时 | 第四时 | 第五时 |
|---|---|---|---|---|---|
| 月 | 修身 | 读书 | 算术 | 作文 | 习字 |
| 火 | 作 | 读 | 图画 | 算 | 习字 |
| 水 | 读 | 习 | 算 | 作 | |
| 木 | 算 | 作 | 读 | 画 | 习字 |
| 金 | 修 | 算 | 唱歌 | 习 | 读 |
| 土 | 习 | 读 | 体操 | | |
| | | | | | |
| 月 | 修 | 读 | 习 | | |

| 火 | 算 | 作 | 图 |
|---|---|---|---|
| 水 | 体 | 读 | 唱 |
| 木 | 修 | 算 | 图 |
| 金 | 算 | 读 | 习 |
| 土 | 修 | 算 | 作 |

九时归寓，倦极即睡。

清水君约明日游和歌山兼赴堺市访铃木君。

七月十六日　八时，同清水君赴难波停车场。士女如云，皆赴南海道游览者也。自七月十四日起至十七日止，凡南海铁道线内车价皆减半，为盂兰会期曲体游人之意也。实则以减价故，游人增多不止一倍，约取而实广收也。且于商务大有裨益，此等作用皆犁然有当于人心。

铁道减价游人增多

待合室遇每日新闻社记者安东不二雄，略叙数语。其人稍解华语，财部有名刺为介绍，清水君亦与相识。

八时半车开，历天下茶屋、住吉、堺、滨寺、天津岸、和田贝塚有给仕童子送茶，唯一、二等客位有之、佐野桥、井尾崎、箱作、深日将至和歌时，过隧道三处，其一甚长，约行二分钟，诸站皆停片时。十时五十分至和歌下车车票界为两段，一印“往”字，一印“复”字，将交票时析去往者之半，缴还复者之半收执，凡不出三日内者皆可执以乘车。

晨在车中遇中井一马君，泛爱幼稚园长，崇、怡二人去年旧识也。携一少子，年十五，中学校一年生也。中井君凡五子，长者大学已卒业，此其最少者也。中井君温厚可亲，使长稚园可谓得人。

竖牌标列名胜之区

车中悬铁道线地图，悬乘客章程。每过一站，其停车

28,7,16

场前竖粉牌，标列名胜之区，某处距此几何远，自若干丁乃至若干里，爽若列眉。每站必有“荷物引渡所”、“荷物取扱所”。如自此站登车，即将行李交取扱所，其重不逾限者不取金。领铜牌一牌凡二，其一系于行李之上，到彼站时持牌取物无误，亦不取值。

山本登君候于车站，盖清水君之戚居和歌者也。先一日，清水君函托其照护，故来此相候，导余等至角清旅馆支店小憩。是日游人极多，求人力车不可得，山本君遣人招雇良久乃足数。山本君遂别去。

过一长桥桥旁立柱凡一百四十馀，每柱相距约七八尺。过一长街，约数里远，道路平坦，廛舍整齐。街尽，见一石城，环城而行，所经仍为市街。街又尽，入松林，皆百年外老树。夹路交柯，凉风习习。行许久乃尽，去和歌山不远矣。 长街街尽见一石城

鹤鸣馆午饭兼和洋两式，价颇廉。晤长坂云在君，清水君之友也。长髯苍白，类六十许，人问其年，才四十六耳。工书画，曾游上海、苏、杭，知张子祥、胡公寿之名，亦略解华语，谈片刻，去。长坂君借居某寺，饭后便道访之。出示所画松梅等屏及明光浦画卷，神韵超逸，题字尤佳。

至海滨一亭下暂息，复还至停车场。五时二十分车行车经海岸见落日，向来乘汽车未见此景，七时三十分至堺市，出访铃木君，设茶馔。锽子先在焉。因天晚不得久谈，八时后别去。铃木君送至车场，九时车行。

堺市街衢亦整洁，停车场尤空阔。水月电灯，照地如水。过一寺，有僧众禹步讽经。讲学问不必废词章，讲教化不必废僧道，吾观于日本而有所悟。所谓不废者待其自废也，自废者其势顺，虽迟无大损，因本已立也。人强废之，其势逆，欲速反害。并其大者急者亦因好。所持此义，俟质高明。

僧众讽经吾有所悟

九时二十五分至难波，又十五分回寓。堺市车中遇清水君之友荒木和一君，通英语，与智崇谈。其人曾在法国大学校三年，又通法语，尝三至美洲，著有《英和俗语活用》，赠智崇一册。是日，失候川口津友五人。

补记：昨午访田岛君，留话甚久，约十七日往观电话交换局。又出法律诸书见示，内有《法规大全》一书，厚二寸许，巨制也。田岛言，有此一书则诸类悉备。略如吾国之会典及《大清律例》。

法规大全诸类悉备

田岛君又言，日本之改商法也，凡采用十五国之律荟萃而成，故今日日本商法为世界第一。又言，现今法律书以意大里为最新亦最善庚子年始出书。又言，日本法律多取之他国，惟"亲族编"、"相续编"他国又取之日本他国旧所无也。又言，商业学校大阪胜于东京。

日本米精凿卵肥硕价倍于我

七月十七日　日本之大米价三倍于吾国，鸡卵价四倍于吾国，然米精凿而卵肥硕，吾国乡邑不及也。余谓吾国亟当讲求种稻之法，使米产愈多而舂愈精，以之输运于东国，亦商战之一事也。不此之务，而仅恃争执米之不出口，非本计，非长策，亦非公理也。且吾见神户报关税册

28,7,17

中，从吾国输入者固有大米一类，姑无论其多寡，亦足见禁令之不行矣。不早为计，吾恐“不出境”之说徒成虚设，而米价且将倍增不止，又何以善其后耶？牧畜之事亦然。

昨夜写一函寄谕福士君，附短句云：

神户停轮际，匆匆过别船。
临行未交语，祇恐两凄然。

八时后，三人访田岛君，践前日之约也。笔谈良久，言纪州伊都郡有高野山，往昔弘法大师之开山也。师距今千二百年游学中国，讲释迦教，大布教于全国。余因问日本近来释教存亡，君言，日本人口四千五百万，基督教五六万之外，皆佛教信徒也。然似非真实之信徒。余又问，宗教与政治有无密接关系。君言，政教分立。有司之德义多从儒教。有司依儒教，下民依佛教，此论创闻。 弘法大师 有司依儒下民依佛

电话局距田岛家仅隔两巷，步而往。先至事务室，晤其庶务课长冈本仙治君明法学士，笔舌相济谈片刻。

本局始创于明治二十六年，凡官吏八十人，交换手二百七十人（女子）又八十人（男子）。岁出费约十九万六千元，岁入约四十七万九千四百八十元，女工日十八钱至四十钱，男夜工自二十二钱乃至四十钱，以巧拙为差等。每人约作工六时，每时休息十五分。自早六时半至夜八时半皆女工，馀时皆男工。 电话局

架设之家日多，故今日又于西区设分局。合两局计之，已架设者五千六百家，已愿架设而未架设者三千五百

家。合全国计之，本局十九所，支局四所，分局五所。东京有邮便电信学校。

又言，近有日人川畑笃雄渡清，劝袁制军兴办电话事。又，袁制军招聘工学士藤井恒久。又，警务学堂川岛浪速，又，金子弥平，皆冈本之友也。

参观电信局

冈本君导至楼上向职事员某君先容，某君遂一一导视，并向智怡讲解且讲且问。升阶一级，设长案，引长至彼端，曲如磬折形，平时可坐七十人，每人司九十号九十号指发电言，若来电则号数全备。来电之机在上层方格，格中又画分小格，每小格为一号（约不足一方寸），其木帘能启闭。发电之格在下层，每号一圆孔，每百孔为一格。上下层之间有一小横楣。有圆玻璃大如榆钱者二，每电至则其一发白光。亟观上层某号启帘，乃发话问明，欲向某号交语，即取电梭（此余杜撰之名）一枚插入某号之孔。其两家交语毕，则其一玻璃发红光，即知交话已毕，电梭可拔出矣。其大略如此，至其所以然，则余于电学机器学一无所知，莫名其妙矣，楼上有生风之圆机。

冈本君又导至机器室一览，晤机关长古川直英君，亦为讲画详尽。架设之家岁出费六十六元。

田岛君携便当同赴西区西野下ノ町阿部制纸会社参观。先已致电话与寺田精义君约，至则寺田君适他出。晤其职事人松本行政君，又晤其理事人阿部房次郎。坐谈片刻，借其旁近空房用便当，路遇寺田，乃同往。食讫，寺田导至社内纵览。先见造蓝色纸者作包皮用，少进则见造

参观阿部制纸会社

28,7,17

白纸者。其机器如方池，段段相接。初入时稀如水，过一池则稍稠，递进递灿，遂成纸质有轴卷之。盖明明动荡之流质，一转瞬而缠束于轴上矣。其纸料为槁，为篾，为败絮，为废纸，各因其材，秽者可使极洁，涴者可使极莹。人巧如此，不可方物。约一分钟时，可成纸二百尺阔如吾邑所卖机器粉连。

制纸合资会社本金六十五万元，岁出七十万元，岁入七十七万二千元，职事员四百人。晤二见升君，本社之支配人也。

寺田君又导至金巾纺织株式会社，其支配人八木小三郎，寺田之友也。八木之弟作川导游各处。先澄棉，次轧，次卷，次断，次条，其次则成纱，次排纱，次织，次卷，次折叠，次包裹，次压紧，凡历数十室，目不暇给。 金巾纺织株式会社

纺织社始设于明治二十一年，资本二百万元，执事员一千人。其粗丝以支那棉为之，细丝以美洲棉为之。闻支那棉输自通州，俟考。

予欲问大阪会社之都数，八木君以书一巨册见示，名曰《日本全国会社役员录》明治三十五年本也，是书每年改正一次。

览毕五时矣。别诸君出，田岛君亦别去。是日天气极热，寒暑表至九十一度。诸君导观诸室，蒸气炙人，挥汗不止，甚可感也。

到川口町六十六番晤张冠三、吕祉堂、王渭占、王锦波、尹子庚诸君。借其地剃发。留晚饭，汤饺秫酒，乡味

宜人，醉饱而归。

冠三言日法制之善

冠三言日本法制之善，其助藏银行，儿童点心钱自三四分以上皆可代存，其不惮烦如此。又言，金二钱抵银圆十，银一圆当百钱。银钱自半钱、一钱乃至十钱、二十钱、乃至五十钱，大小相抵无折扣之说。设如行人携银一圆而适有一钱之需，随地可交易，付回九十九钱，无弗与者也。造币局，如有人持真金赴该局者，或用金圆，或用银圆，或用币，皆可照数换付，但原金必须入炉化验，每千元付工价二元千元、百元再考。

支那领事太无权

又言，日人罕有争者，譬如途间此人误触彼人，此人急惶恐谢过，彼人亦逊谢相酹。唯言支那领事太无权，假若华商批定日人货物已付定银矣，而日人或失信不交货亦不退定，华商即无如之何，领事亦无如之何也。言之慨然。

剃工言，“内地杂居”自明治三十二年始。

晚，清水君偕其友武田君来。武田君有意渡清而未决。

寄智惺侄信。

正金汇项由神户汇到。

七月十八日　六时醒，七时乃起。因崇儿清瘦，见者皆劝及早调治，余因不欲其先睡也。八时后，智怡随清水君赴银行取款，并为余定印小名片，十时归。

三人往访手贺君，未遇。手贺偕津人之善戏法者来，每日在道顿堀开演。

28,7,18

父子饭于一阳亭。饭毕，访田岛君，约田岛之夫人及山田锽子游博物场。买票如陈列所例。先至美术室，有泥塑、肖像等类，而画幅尤多，诸体具备，妙不可言有卖品，有非卖品。览毕出，遍历卖货之室，由第二室而三，而四，而五，而六，由第六室出。庭间多设铁栅，栏鸟兽于其中。鸟则鸠、鸽、鸡、鹳、鹭、鹰、鹯、鹤、孔雀之类。另有一栅，中蟠树柯，有小鸟多种，或翔或集，或饮或啄，其名不能遍悉。兽则狸、鹿、猪极大、绵羊等，而最大者为熊介类，止见有龟。将出大门，始见所谓第一室，入而周览乃出。约锽、菊两君，并往邀清水种子樣，饭于魁阳亭。饭后，复观吾国人戏法。吾国人三，韩人二。韩人高皆不满三尺，其中艺最佳者为韩凤山。是日观者约千人。 游博物场

失候津友郝仙坡、曹瀛洲、陈瀛洲。

小山来信言，已托小村代订麹町区平河町三桥旅馆。

七月十九日　八时乃起。清水之夫人来小坐即去。崇、怡二人赴清野病院；清野，大阪名医。田岛君因崇儿瘦削，劝其就诊。余休息半日。崛井、中川二生来谈。以日、清语互相质问。

晨阅《大阪每日新闻》，言天津日本居留地将设商品陈列馆。又，《大阪新报》言，土京君斯坦丁亦建商品陈列馆。 晨读新闻

崇、怡二人十一时归。清野言，崇儿病尚不重，然最防传染，不宜居城市，宜居海滨之地。须磨、舞子皆好，

然须磨之地患肺者皆往焉，故尤莫宜于舞子。

午后水原源次郎、林达道、西岛良尔三君先后来谈。水原君约二十一日赴安土町浪花桥北礒谷写真馆撮影，盖清语学校师生有成约也。

水族馆见巨龟如猪

孙实甫来谈许久。晚饭后约同堀井仁往观水族馆，所见不能悉知名。最创见者一巨龟大如猪，海驴大如犬，嗥亦如之。投以饵则扑入水而逐之，嗥声甚巨。又有海豹，亦饶意态。又有伊势虾，大几如猬，色鲜红。馀不悉记。馆中有事务室、机关室、电灯、自来水。楼上有药浸水族物。水族所居，皆镶玻璃窗，其中列山石。上有引水之机，终日激射不少停。海驴居一圆池，旁设铁栏。海豹卧一巨石上。

阅毕至河心料理屋小饮。九时三刻归。

约游滨寺

七月二十日　八时半乃起。九时，西岛君偕其友松云堂主人石塚君来言，约余游滨寺，就其地乞余作字。诺之。十一时半，汽车行，历天下茶屋、住吉、堺、大河诸站，午至滨寺。饭于一力楼。楼临海岸，对岸则淡路、舞子、神户诸岸也。作字十馀笺。五时四十分汽车归。

陈瀛洲来，两次不遇，今日留字属余明早候之。余因明日有写真之约，属智怡借近邻电话告以故。瀛洲答云，有《朝日新闻》馆主津田君欲与予相见。

大阪人口九十五万。

版权之例，每书一册取税十元。

七月二十一日　同堀井、中川二生访西岛君，适瀛洲

28,7,21

偕津田及周君庆钟过西岛之门，因邀入叙谈。同至礒谷写真馆撮影，共二十六人。华人周、陈及余父子三人，日人津田寅治郎，皆客也。馀皆清语学校中人；评议员石塚猪男、校长清水芳吉、讲师西岛良尔及其幼子，馀皆校中弟子。余所识者水原君、武田君、林君、堀井君、中川君、伊良子君，此外又十人。写真毕，访石塚君于松云堂。 写真馆

津田招饮大阪俱乐部。午后同西岛、清水两君访藤泽南岳不遇。清水君约游天王寺，路经仁德皇帝庙、官币神社一名生国魂神社。天王寺可记者：输器铸钟，围坐讽梵，投饵饲龟。 游天王寺

游寺毕，迂道观明年博览会选定场地。至茶臼山下清水荣次郎别邸，主人备饭。又晤柴林宗太郎，主人之友也。其地据水石竹树之胜，浓翠鲜郁，清风送爽。

饭毕，乘汽车归。汽车设警报机，设车有警则掣之，前车立停。若无故掣动，罚五十元。清水君遗车票于他车初登一车，执后言此车将洒扫，请移他车，仓促遂下，方检觅间，人已追至送还。

接河内一郎信，赠铜印一方，又诗一首慰余丧子。武田来小坐。

七月廿二日　赴川口町九十六番拜张星舫，北帮董事也。兼访何君俊卿、李君某，皆山左人。至七十番与周君镜泉谈片刻。写家信托瀛洲寄津。庆钟、瀛洲招饮丰乐园，支那人所开设也。同坐西岛、清木、津田、张星舫及辩护士佐藤（丛彦字方堂）。饭后写字数十纸。同西岛君 北帮董事张星舫

再访藤泽君，笔谈片刻，并晤其嗣君元造。南岳君以其所著《和陶诗探奇·小识》二种见赠，又承假观所撰《日本通史》。

晚，大野锽子、铃子来。武田、清水二君来。

马关条约太草草

星舫言，《马关之约》太草草，故商约中我国受损实多。譬如同一货品，自西洋输入者税五元，自我国输入者或七八元。同一货品自西洋输入者有定价，自我国输入者则随时作价。诸如此类。

酒税甚重

酒税甚重。瀛洲言，自我国来者每值十元税十三元。

巡捕升包探。

庆钟言，日本度支颇不充裕，但善于运转耳。又言，国中楮币无抵著者千数百万次日星舫言之尤详。

吸烟被拘而自戕

"内地杂居之后，巡捕可以出入人家，于外国人亦然，故近来吾国商人之吸洋烟者，掩匿甚难。"星舫云。又言，往年吾国人有因吸烟被拘而自戕者。

七月廿三日　终日未出门。

张星舫来谈日本事

晨，张星舫来谈，论伊藤侯富国之策。谈日本取士法、募兵法、操兵法。谈明治帝之降尊勤事，日本尊官无我国之排场。伊藤侯明治七、八年时知库县再考，条陈开港通商及设银行、铸铜元、造纸币诸法，是为日本富强之基。铜元一倍收两倍之利，纸币一倍得百倍之用，公家利而民亦称便，乃以其赢造船制械兴举百废，故以日强。

冈本来谈教育法等

冈本君两次来访不遇，今日以电话招之。十一时来，畅谈至夕乃去。谈教育之法，谈交通之利，谈风俗改良

28,7,23

会。民家生子女必报役所，至入学之年则察之，不入学者罚，不能者使习一业。电话交换所，若架设三千家，每家均费三百元之谱。冈本有纂记电话办法之专书。铁路私设者，官不干予，但一英里之路价不得逾二钱。日本初拟设电话所三十处，集款二百五十万元。今甫立十九处而款已尽，盖地价物价随时增涨不能豫定也。

不由学校出身而所学之程度与之等，亦可应试（文部试验），授博士。大学校有汉学科，然不甚重，备格耳。然以授生徒者亦不少（藤泽南岳所学乃古学，今不用）。 大学汉学科备格耳

西岛、佐藤、林达道三君来访，谈片刻。写字十馀笺。清水、武田、西岛、渭占、冠三、祉堂诸君来。渭占三君约明日晚饭。

公证人略如官代书及经纪之类，亦近律师。冠三云。 公证人

接桥本贯山信。发寄河内一郎信，以横幅一纸答其铜印之馈，附一诗次其韵：

中年衰感不禁秋，欲借瀛涛暂洗愁。
才过马关神户港，已将此恨付东流。

七月廿四日　写致桥本信、致寅皆信。写字数纸。

清水、西岛君来，同赴裁判所。先晤其所长河村善益君年四十馀，曾居法国一年馀，茶话片刻。

裁判所始建于明治八、九年，其先之断狱法与我国大同小异，自改良后，罢除一切酷虐之刑（罪人无施敲扑者，警察拘罪人若私用鞭挞，裁判所查知必予之罚）。余 裁判所

河内当为河村之误

问河内君：闻贵国自变刑律以后罪人日益少，信乎？曰：多寡同耳。昔者法重而巧避者多，今法轻而人无所逃，故不见加少。

西岛导观控诉院

西岛君导观控诉院。一室方讯狱，有兵士守门。台上坐七人：最中为裁判长，其右为判事，又右亦然，又右为检事。其左为判事，又左亦然，又左为书记。各衣法服（冠服皆缁冠，如古纱帽，有带垂之）。台之下居中一长方几几上列酒瓶一束其前偏右又一几，罪人立其前。与罪人平列一几，一人立其前，衣法服，向上滔滔辩论者即辩护士也台下偏左坐一人，未知谓谁。台上唯居中一人执简驳难，然不见有急言遽色，其左右诸人俱无言。台下唯辩护士申辩，罪人亦无言，偶有问一应答耳。余等坐高台遥对之长凳上凡六排，听之许久莫能得其原委。闻西岛君言，似是因造酒不如法者，乃出。

地方裁判所所见

又入地方裁判所之一室，兵士三人监守，禁人交谈，恐淆听也。台上只五人，盖较控诉院少判事两人也。台下之左有短木栏，罪人六七人坐其中内有一妇一童。台上居中之人一一讯鞫而定其罪。西岛君译告，某为窃盗，某为拐带，某为诈欺取财。最后一人喋喋不休，而堂上摘其旧案诘之。清水君言，是剪绺者也。已定罪者加锁于腕，牵以去，殆将送入监牢也。又有两辩护士各据一案。清水君言，一原告，一被告也。堂上与一人絮语；其人证人也。

出至留置所一看，内有木栅甚长，盖罪人之未经讯断者暂寄其中——西岛云。又见一马车，左右凡四室，罪人

28,7,24

送入监狱署者乘之。回廊周复，层楼升降，其方向位置不能确辨。其门额题字有民事第一室、第二室，刑事第一室、第二室，等等。

日本全国控诉院六，地方裁判所每县各一，大审院唯东京一处。

访佐藤。设茶馔，其太夫人鼓琴一阕。

约佐藤、清水、西岛三君，饭于河干船上。

到松云堂书坊。又过青木处多故书。又过丸善堂。又过水原处。

晚饭后至清语学校。有学生四人以清语演说。又，石塚、林达道、山本三人各以日语演说。余亦勉励学生数语，西岛君为传译。观水原君为戏法。十一时归。 清语演说

七月二十五日　清水君来，同至松云堂。又同至佐藤方堂家，同往监狱署。西岛君已先至。先晤典狱田中君，以册籍数纸讲说许久，有罪人名数表，有作业表等等。讲毕，田中君亲持钥导观各所：男子控所、女子控所罪人之家人、亲戚来候问者立待于此、作书认处罪人写信之处，一司事坐于中，以簿记收发之信。罪犯人环坐写信，有栏障其面，如己不能写，中坐之人可代书、暂候之监名未详，凡未定罪名者皆于栅内安坐地板之席上，栅外有纸箱。又有已定罪罪人之监，有外国人之监人各一室，有沐具、痰具、便具、有案有凳。一英人犯盗者，一华人犯鸦片者。前后周览作工之所，所见者织布、纺线、捣麦、裁衣、编笠、制木器、制纸函、制砚、制竹器、制提灯、制席、制火柴入、制镜框、制笔筒、雕刻。 参观监狱署各处所

其他，理发者、炊饭者、蒸汽者、洒扫者、搬运者，记不胜记。田中言，此所见止其半耳。

罪人行于庭皆戴草笠，形如尖锥，面貌不可见。雨衣亦以草为之。会食皆至栅外纸窗下坐食，食毕解带，验有无怀挟，然后入栅作工。皆衣赭。工毕亦检验一次，始易己衣。

初犯以至多次犯，其作工之劳逸不同：犯少者轻而易，犯多者重而难。

工巧者衣上别以白小方，自一方至三方为差等。

见织布者，其身旁之柱悬纸标识，有红黄绿白四色。工最良者色红，馀以次为差。

凡罪人所制之物，易钱后分给原制之人，初犯再犯者所得多，多次犯者递减。

期已满而无家可归者，仍留作工两三月，著蓝色服此义未详，因译语不能达意也。

有照像所，有讲习所，有和尚训诫所，有病监。高楼可以四望，且传梆击钟。

一时半阅毕。田中君挥汗如雨，余深感之，然才见其半耳。昨日河村君言，阅监狱署非两日不为功，信然。与西岛君饭于鸡楼。

赴张星舫游天宝山之约。乘小火轮，同行者十馀人：周庆钟、陈瀛洲，其馀皆山东友也。约一小时许到新筑之海港，登岸一览，观筑塞们土工场。每土一块高五尺，阔四尺，长六尺，重万馀斤。机器凡五具，利用者有四。每

海港工场

28,7,26

具日可成十二块，计共得四十八块。三日后，自模中倾出，三月后始干足云。

天宝山港工由大阪市合资创办，以十年为期，今已四年矣。

晚，星舫招饮古川俱乐部。九时后归。

失候山本喜之助，留字数行并小山手书一纸，催予赴东京也。写致小山函。

七月二十六日　孙雁清来，谈日本邮便局之诚恳，谈我国欲正元法必须一律用银元。滕兰田来。陈瀛洲来，约崇儿赴石神病院。西岛、清水君来。候内藤君不至，写字多纸。堀井仁是日返神户。夕答拜滕君十番，兼至百三十番拜林君。晚赴六十六番诸君之约于古川俱乐部，主客十人：孙雁清、张冠三、王渭占、吕祉堂、张凤亭其一人忘之，日友寺田君及余父子三人也。十时归。 多人来谈

七月二十七日　终日未出门。晚雨。

清水君偕其友林学士、野尻贞一君来谈。野尻将赴武昌农务学堂之聘。

日本山产林木有属皇帝者，有属政府者，有属民间者。属皇帝者岁入可百万元。 日本林木归属

林学附农学内，唯大学校内有之。农学分林学、兽医学。山与水皆与林学有关系。

晚，两清水君同来。

写扇联。午假寐。

七月二十八日　智崇兄弟赴石神病院，并访田岛君及 石神病院

锽子。午后一时归。

余到川口补拜三番地之山东帮。访滕兰田，交所求书屏对。访冠三，还日报。访瀛洲，交所求书件。十一时归。杨金轩九十六番来访，求书对联、职名，即书予之。

清水君来。锽子来。议赴东京之期，清水君将同行也。接小山信，言小村君速余赴东京。留锽子饭。

日本维新基于德川崇儒之功

七月二十九日　藤泽元君来，笔谈许久。言支那之讲新学者多趋形迹，宜以正人心为主，正人心宜从师弟授受入手，师所讲者必实践之，云云。又言，人知日本维新之益，而不知实基于德川氏百年间崇儒之功也。

清水、西岛两君来。寄小山信。

清水君来约至其家午饭。

晚同清水君赴心斋桥买物。

爱珠幼稚园简况

八月初一日　七时半同清水君赴泛爱幼稚园（东区安土町一目），晤保姆山口政子。大野春子在焉。观幼童唱歌环走，步伐齐整（额设百六十人，本日到者百二十馀人，分六班），遇大野铃子，约至爱珠幼稚园一看（东区今桥三丁目），乃辞山口而出。爱珠幼稚园始设于明治十三年六月一日。额设百八十人，建筑等费八万六千馀元，岁需经费三千五百六十元。学生分六班，其课程列于表者有唱歌、游嬉、内游、外游、积木、画方、缝取、箸排、环排、板排、折纸、贴纸、系方、豆细工、粘土、说话等目。余所见者板排、系方、折纸、画方、箸排、积木、环排，课之难易各视其年之长幼，每班一人授之，每

28,8,1

头二班有一人襄教。

访增木有吉君不遇。

门田镁一郎君来访多次不遇，今午访之，寓其友迁保造君家。门田君曾学清语于孟春湖，其意将赴吾国也。旧为第九联队第二中队陆军中尉。

八月初二日　藤川、清水两君偕往育英高等女学校，校长导观体操、图画、读书、唱歌各室。学生额八百人，年岁自十一至十四。

又同往清水谷女学校，校长大村忠次郎也。投斋藤介绍书，延入，并晤东京女学大学校学监麻生正藏君，又加岛银行之女东广冈氏。大村导观各室。有授理科者，有授英文者，有授数学者，有授图画者，有教裁缝者。看毕，至一总汇之处，众生雁行坐。大村请麻生君登台演说，又强余演说，余敷衍数语，清水君译之。大村赠章程一本。 参观清水谷女学校

众人饭于一阳亭。

藤川君来寓，与智崇久谈。增本有吉君来，医士也，足立传一郎之友，余昨夕访之不遇。

西岛、武田及清水夫人，又冠三、渭占、雁清、凤斋、张立庵、庆钟、瀛洲俱来送行，六十六番馈公物四事，七十番馈酒四瓶。

八月初三日　六时由旅馆出，遇清水君于门外，遂同赴停车场。中川君父子、广濑君、西岛君、镍子皆送行。六时五十分车开行，大野铃子同赴东京。

荷物配达所。汽车内有食堂一、二等客皆可入，计所食

过隧道时电灯即燃

付价，多少随意，每案上有价目。过隧道时电灯即燃。卖茶者碗壶俱精致。停车场之最名者有洗面处，乘客随意下车就而洗面。至静冈时发电报（驿长可以代发）致三桥旅馆，告以今晚到著。

至东京

十时三十分到新桥，小村俊三郎在焉，谈数语。旅馆主人三桥常吉来迎，十一时后至旅馆。小山先候于此，谈片刻别去。

八月初四日　泽势直太郎同小山来。同泽势、小山及崇、恰往谒吴挚甫先生。先晤世兄解畺，少顷挚师归，谈许久，留早饭。小村亦至，小村陪挚老往观麦酒会社，因邀余往。小山、泽势、崇、怡皆从。社员一一导观。有磨麦者，有造面者，有造冰者，最后至最高一层，装瓶者、裹箔者，裹商标者、抹浆糊者、罩草具者。但就此层而论，纵十六楹，横七楹，每楹之间方广约十五六尺，即全社之大可知矣。社中职事者凡四百五十人，每日可出酒三万五千瓶，资本三百五十万元云。

与吴汝纶参观麦酒会社

社友留友乞挚老书，遂及于余，为书艺扇。

访花板垣、郑永昌、和田纯三君，唯和田延入晤谈，余皆因有座客立谈数语而别。

小宫山卯三郎与孟春湖同来。小宫山者，外务省派充挚老译人者也。孟春湖者，奉天人，居日本七年矣，在西京为清语教师，门田镁一郎尝从之学。

八月初五日　六时起。同小山访小村，谈片刻，同赴挚师处。九时同赴控诉院，先晤院长春木义彰，与挚师谈

28,8,5

论许久，叙述控诉院设立之由及现行规制，小村为传译。

书记长某君导观法庭两处，与大阪所见略同。又至大审院（与控诉院同在一署内），先晤书记长中村君，又引谒其部长长谷川君，部长以案卷一册视客。

法院案卷

案为岐阜地强盗杀人，主犯名井田六郎。始而山林间有尸（卷中粘图状其地），警察报闻，积日查访得情。缘有一铺家一学僮，携洋九元有馀而行，为其同伴杀死，夺银去（有死者之照像粘册内）。由是追究，知为井田所为。官派辩护士（罪重则不能自延辩护士，必由官派），于是文牍重重，有医士检验之据，有裁判所判断之据，自区而府，而控诉院，而大审院，积牍厚数寸，可谓精详矣。初，裁判所坐以无期徒刑，而犯人不服，上控。及经大审院推鞠，则原坐之刑尚失之轻，罪应死也。但定例，原审官所科罪虽失之轻，而上官不能改令加重，故仍坐如初。挚师谓如此则开罪人侥幸之风，余谓不如此则罪人虽有冤将不敢上诉，恐其反改加重也。是此例亦具有深意，未可厚非。

十二时归。

大桥秋水就大审院事而余不知也。当余周览时，大桥遥望见之而不敢确认，既而于中村政房君之室见余名刺，始知不误，而余已归矣。乃以电话来约时相见，复以今日下午四时后，果来相见，欢甚，遂留之宿。

晚吴先生偕李光炯德膏、杜显阁之堂同来。高旷生逸、章仲和宗祥来访。

游博物馆动物园

八月初六日　和田君来。午后和田约余游博物馆动物园，大桥偕焉。博物馆内创见之物甚多，矿质及动物尤备（蟒蛇、蜥蜴之巨殊可惊）。所列吾国及朝鲜物产皆粗恶，吾国尤甚，盖烟具居其半也（又，泥肖诸品人甚多）。

动物园中狮为创见。象虽习见，然食草之妙亦初见也。

五时后同归。大桥再宿，和田夜去。

黎伯颜渊及其弟仲苏迈、毛子龙邦伟来，皆余门下士也。同来者有蹇季常念镒，亦遵义人。

唐秀丰来电话，将以晚间来访，已而复告改期。

湖北刘豫生成禺、广西周弢甫家彦皆成城学校学生，午后来访未遇。

郭虞飏钟韶，熊本医学校。今夕来访，述吴先生言，命余明日陪客午饭。郭，深州人，吴先生弟子也。学于熊本，已一年有半。

午后有清水君友阿波松之助君来，笔谈多时。阿波盖基督信徒也。

八月初七日　大桥君晨去。

成城学校

八时偕小山、泽势同访中西正树君，不遇。后同访唐秀丰，值其小病，略谈数语辞出。遂冒雨至成城学校，答拜刘、周二君，方上堂理课，先晤其教习官陆军步兵少佐曾我千三郎君（曾至辽东），谈片时，周、刘二君出见（有学〈生〉应接所）。周由四川派送，三年前李仁宇太守送之来。刘则自费生也，今春始来。二君皆开爽。

28,8,7

到吴先生寓，先生已出。晤解萱及杜显阁略谈。

午刻至富士见轩，赴吴先生之招。客为法学博士岩谷孙藏及其友杉荣三郎，皆应京师大学堂之聘欲为仕学院教习者也。陪客则小村及余，之外有吴止欺振麟、张星五奎。

小村约余随吴先生往观慈惠院（芝区）。院长导视讲解，小村通译。已而又至医学校一观。其规模与在津所设医院大致略同，但此特闳敞而周备耳。室之容积，窗之光线，皆有定限。医学校内，标本甚多，皆由解剖而来。院长姓名曰高木兼宽，曾学于英医八年，又居英五年，深讲卫生之学。自言昔之初自英归也，以卫生教人人皆笑之，且曰：子不有三男一女乎？待其长大果健康也，则子之说信矣。今男女已长成，皆壮健。其次子才十九岁，游历外洋多处，胆气尤壮，此明效大验矣。吴先生问所以致效之故，曰：不外饮食、衣服、居室三者。以衣论，日本之旧制甚不良：袖太肥，风易入，且不便作事；前胸敞露亦非宜，又，常人不着裙袴。女子防襟之开也，行步则两足前敛亦未善也。故论燕居之服，日本不如支那之良。以食论，食麦胜食稻。吴先生曰：是也，吾国南人食稻，北人食麦，北人差健于南人。院长喜曰，吾素持此论，人恒不信，今又得一佐证矣！以居室论，宜通空气，而日本之屋太低（医院之例，每一人必得容积立方千尺）。凡此之类皆当变革。又曰，日本人屈脚坐，故下体恒短于上体，而长人绝少。

观慈惠院

院长深讲卫生之学

六时半回寓。

上海项莲生文瑞，广东连州直判以礼去官者也。来访不遇。

黄璟

总办直隶农务局、奉派考察农务、河南候补道黄小宋璟及其友保定王砺臣金成，晤于慈惠院中。

晚，和田君来言，根津一君已代先容（原有成田绍介函），约初九日早八时往访之，又约明朝偕崇儿访男爵桥本君于赤十字社，求诊肺病。

和田宿。

八月初八日　雨止。

张棣生孝移，廉卿先生之孙也，来访留饭。

杜显阁、吴解亹来访。

同棣生往同文学院，晤其干事员田锅安之助，监督水谷君。棣生导观讲堂、学舍，规模稍隘。

至留学生会馆

同棣生访伯颜不遇。至留学生会馆一观，伯颜亦继至。棣生劝余移居，与伯颜同寓。乃往相度，其地甚轩豁，唯室稍狭耳。遂与商定，余居其旅人宿，崇、怡二人居下宿。是为神田区骏河台袋町九番地贵临馆也。

清华学校

伯颜陪往清华学校一观，晤陈乐书榥。陈与何燮侯燏时、范静生源濂，众学生所推绩学之士无异词者也。余至东京时，范已归国，何亦未在，唯见乐书耳。乐书为清华学校理科讲师。

归已上灯。闻岩谷博士电话招饮于松叶馆，时已晏且路远，电辞之。

28,8,9

高旷生来久谈，颇有辨难。

八月初九日　晨同和田、清水两君及智怡先到挚师处有日本人求师写字小坐。遂到东亚同文会晤根津一君，译谈甚久。为介绍一人曰伊泽修二，旧为高等师范学校长，日本名教育家也。根津氏又为电询近卫公爵见客之期，答以明日下午自一时至三时。根津赠章程三册一纸。　到同文会晤根津一

拜黄小宋、王砺臣，小坐。

拜岩谷博士，久谈。为余论考察学校之法，谓宜求详，不宜贪多。以小学校论，最优者、最劣者、中等者皆须一看。町村私立者尤须寓目，为其与初创之程度合也。其言皆亲切扼要。　岩谷论考察学校法

访夏棣山世兄偕复，子松师哲嗣也。随木斋公使来，已满三年期，仍在弘文学院听讲，家眷僦屋而居，其女公子在华族学校就学。

归寓午饭后，清水君约至议院一看。先观众议院，守卫者一一导观。次至贵族议院。

众议院议员额三百五十人，贵族院三百八十人。　参观议院

贵族议院正中楼上有皇帝御座，御座下列坐三，居中为议长，左右为大臣。又，前一案设垂堂阶者为演说之立处。其前有书记四人之位。阶下层层环抱者，皆议员坐位也。对〈面〉楼上有皇后之室、皇族之室，左右楼上则皆旁听人之位也。左楼上有新闻记者之位，又有外国官旁听室（不记方向）。由楼上曲折而出，有便殿，有皇族之室，有总理大臣及各大臣之室，有外国贵官之室，盖皆休

息处也。别有谈话室、藏书室不能悉记。

览毕到新桥访津田重胤君，订刻图章。

至新桥入帝国博品馆，买巾带。

晚，同泽势并乘一车，游新桥、京桥等处。路经琴平神社，适今日为俗所谓“缘日”，士女云集。进内略一看急出。

八月初十日　午前未出门。小村、和田两君来。午后小村偕余至外务省，访山座圆次郎未遇，投伊集院所寄介绍书。

同和田及两儿至贵族院官舍，坐客甚多，以来之先后次第入见。候三刻许，延略谈数语而出。伊集院所寄函，昨已由根津君代交矣。和田别去。

陈乾生即陈独秀

余三人访熊慕蘧正瑗，投方守六君介绍书，未遇，晤其同寓怀宁陈乾生重辅。

到外国语学校访吉田义静君未遇，投斋藤介绍书。

答拜项莲生不遇，晤其同寓鹤山冯鸿若博。答拜章仲和不遇，其同寓有沈朗斋琨，静海人、夏爽夫垲，子松师之孙，祝砚溪惺元，大兴人，悉投刺焉。

访晤山根正次君，投平贺、井上两君信，极亲切，许他日导观各处。

到平贺家，见其二老及妻女。又到石坂维宽家一谈，致平贺君介绍书。

晚，张执中瑛绪、黎伯颜、毛子龙先后来。

大桥秋水来。

28,8,11

八月十一日　八时过挚师处，见新诗综一册，日人选近人诗也。间有华人诗一两首有仲午、王荣先及陆君某。日人《汨罗吊屈大夫》诗中一联云：“神鬼苍茫呵壁问，山河破碎啮桑盟”，挚师亟赞之。又示余日人安井小太郎答书一册，谢师赠《古文尚书》之书也。后附驳辨，其说皆新，余不能定其是非。然其称引繁博，于吾国国朝诸家说经之书靡所不窥，吾国今日求此才正恐不多得也。 日人诗文

随挚师、小宋同赴小村处，偕小村往观东京府，晤府知事男爵千家尊福君及视学官冈五郎。

府内治事之处凡分四课，每课又分细目，所见有司学务者、司税务者、司簿籍者、司路政者、检定度量衡者。府知事以书数种分赠同人，余所得悉让诸小宋，因小宋以不得为憾，且彼得之可为吾省开风气也。 观东京府

后观市役所，所司与府大同小异，所见土木课较多。有道路改良图、东京湾筑港图、东京市设电车图，皆经画已定，将次施行者也。

至自来水厂观试水龙。

晤湖北学务处委员双松如太守寿及其译官木野村政德。 双寿

午后小睡片刻。率两儿赴小石川区小日向第六天町五十二番地访伊泽君。谈两小时许，设馔焉。自述其二十年前学师范于美洲，其时日本教育之法尚不足道，近渐完备矣。余问：美洲学制已止于至善乎，抑犹随时进步乎？曰：焉有不进之理，盖随时有更张也。回问余所欲观，以 伊泽荐可详看学校

岩谷博士之说告之，深以为然。为余酌选三处，曰，当详看之。一、东京府寻常师范学校，在赤坂区青山北町五丁目，其校长泷泽菊太郎，伊泽君之弟子也。一、富士见小学校，在麹町富士见町五丁目二番地。一、渡边学校，在小石川区音羽町九丁目，师范学校适中者也。富士见，最精者也。渡边，规模稍狭者也。

义塾

又言，现时别有义塾，但课习字及珠算者，寒家力不能读书者多就学焉。有一老儒授读，每生徒一人日奉文六钱一枚为修金，即其俭陋可知矣。

伊泽君为泰东同文局顾问员，赠余同文局章程及名簿，又所出书数种。

出门遇吴止欺，吴即寓是家。归途遇山根君，约明早十时往观警察厅。晚，井上正光来。白须之戚也。名刺署"千代田商会主"。

邢赞廷之襄，南宫人，挚师之弟子也。幼曾读全经通鉴，阅一周。十九岁始从挚师学于莲池书院，用力于古文之学。去年同吴解亶来游学，入同文学院。年才二十二，甚开敏。

八月十二日　晨，伯颜偕祝砚溪、夏爽夫来访，三人皆学于法学院。

赴警视厅参观

十时赴警视厅，山根君已候于门内。延入其理事之室，先以册籍讲解良久，又赠余空白日表、年表若干纸，又卫生会报两本。阅诸表之子目，可以知警察医长之所事，阅会报可以知卫生之大要。又导观各室，有三人各守

28,8,12

一提包静坐，问此何意，曰：有患急症者，电话一至，提包即行。有一室专为验流行病者，器具甚多，不能举其名。司事者导余视显微镜，有物蠕蠕如断线之端，盖即微生虫也。又有已干枯者，色红如脂，密如哥窑之磁纹。有一室专验食物之有无妨卫生者，如冰，如乳汁，如荷兰水之类，皆须经考验之后始许出售。谈次，适有携乳瓶来者，司事以玻璃瓶试验许久：先倾乳于瓶内，另以有度数之玻管入之，量其沉浮之高度，又以细管以乳倾于他管之内，和之以药水，又和之以火酒，挥摇多次，又入于温水器内，则见黄油渐浮起。据云，油足百分之三方为适宜。又试一贮水之铁壶：以壶中热水入玻瓶内，和以药水，用火炙之，又以凉水凉之，视其色黄。据言，于卫生有妨，不可用。

警视厅凡分四部，山根君第三部长也。本部览毕，意欲导至他部，适他部长皆有事未暇也，乃引至消防署一观。课长宝田君延入略谈，先导至电机室。凡他处有警，电铃振动，有纸吐出，如电报之号，而以墨线之长短别方向。既知方向立派人往救。司机者将试令予观派遣之速也：先以时辰表看准某分某秒，乃发电机，则见八人者向水车之室奔入，牵马者、挽车者、驾者须臾而毕，登车扬鞭而去，距发机时才一分七秒耳。 观消防署

东京市有消防署一，分署六，消防派出所七，警察署拾六，巡查派出所二百馀，非常报知机四百二十二所，冬季六个月加派遣所一百零二，其各处水龙由自来水可激取

者三千八百馀处云。

山根室内晤一人曰矶部检三，山根言其能汉文，曾至北清，惜匆匆未得叙话。又，警视属黑柳重昌。十二时归旅馆。

养育院

午后，和田君约观养育院小石川区大塚町。其干事安达宪忠导观各室，有养病室，有健康室，有医室，有孩童室。健康室多老人，一老妇年百岁矣，姓小林。孩童室分学龄以上、以下。有女子剪采室，有炊室，有食堂（大人小儿分）。最后观孩童唱歌，壹如幼稚园之例（小山步之，室长约二丈六尺，广约二丈四尺）。又观女师授聋哑人读，一哑女学四年矣，名秋木スツ，试令讲书，则以手寻行而上下指挥，作讲解模拟之状，如见“腹”字，则自指其腹，遇“目”字则自指其眼，“留守”字则外拨其手，象外出之意。诸如此类，敏而且速。又试使认字，亦能发声，虽不十分清确而大致不差。安达君以粉画板曰：“御前は何年生か。姓名は何を申し未すか。”则书曰：“四年生秋木すずと申し未す。”其他诸哑童或学二年或一年，功候尚浅，然师试使书字亦能不误。师先持一泥制小狗，招一童使粉书于板，则书曰：“イヌ”。又持一鹿，一童书曰“しか”。又持一虎，一童误书，又一童正之。众皆奖赞，师乃象奖赞之形，以示之彼，亦喜形于色。

体操场有盘旋于横杠者，有试秋千者。

家庭教场

别有空房一所，曰家庭教场。每日学生十人轮流往习居家仪式，如迎送宾客，应对进退，烹茶奉食之类。盖因

28,8,13

院中人自幼寄居，不见此等礼式，他日诸多不习也。其思虑精密如此！

养育院共寄留八百十五人。小儿食乳者寄乳他家，月给费三元，并给衣食被褥，满三岁为期。其不食乳者聚居一室，每十人派一妇看护之。稍长者不须人，每室止用一妇照料。合计院中照料之妇才二十馀人。

和田约明日游靖国神社兼至浅草公园。

晚熊慕蘧来谈。

是日失候塚谷孝二郎、平贺如恒、伊藤稻子。

八月十三日　清水君归大阪，送之新桥。六时廿分车开行。至停车场二重阶早饭（泽势、小山皆至，和田以太早不肯来），是处最便于候汽车者。菜品皆西洋料理，有价目在案上，多少听客自便。壁间悬汽车时刻表，候车者一览可知。

东京专向横滨之车日有十七次，其路经横滨而暂停者尚不在此数。日人行旅之便，可想而知。

余父子同泽势君乘铁道马车至京桥，访张执中于长春馆，晤湖南游历同知黔阳黄成斋忠绩。茶话片刻出，又登马车赴浅草寺，游水族馆、“珍世界”，观杂剧。鸡屋早饭，饭毕登十二重楼，游动物园，又登五重楼，乘船归（先乘船至永代桥，换小船至新桥，由新桥易人力车归）。 赴浅草寺

水族馆诸品不如大阪之备，所未见者唯鱼类数种耳。“珍世界”亦有动物，皆已死而药浸制者。有极大之鳄，极大之蟹，极大之犀角。“珍世界”有铜铸像，有大踰人

身，古衣冠，无须，题曰“大圣人孔子像”，宋徽宗时铸，未知何据。

十二重楼其下数重列西洋镜甚多，其中写真之景多半台澎一带山水之胜与官署之形，否则与吾国战争之场也。皆该国人得意之举。熊慕蘧曾言，彼国之教童子也，必先告以日清之战。日之何以胜，清之何以挫，故人人脑筋皆刻入此事，自幼已然。余游览才数处，琴平寺有北清战争图，而浅草园又有之，十二重楼则有诸照像镜矣。大凡繁胜之区，无不以此为点缀。伤哉，吾国之人其何以为心乎！

多处均有甲午战图伤哉！

隅田川载客之舟，其中坐位与汽车二等位相仿。凡坐二十四排，每排可坐四人，高约六尺馀，可直倚也。前有汽船拖带。永代桥换乘之小船太偏仄，因水入内河河渐仄，故船亦渐小也（席地坐，甚拥挤。其汽船在客船后）。

晚有同寓之前田正隆来谈。陆军工兵大尉也。驻仙台，将渡清。

伊泽君来谈甚久，为余书介绍之名刺四纸，又论于吾国设泰东同文分局事。

八月十四日　晨至午候阿波氏不至，晡时来电话，约晚间见访，乃率两儿访佐藤藤太郎，小坐归。

午前唐秀丰来访，言弘文学院每日讲课，伊须通译两小时，并许如遇讲至切要，当预来通知往听之。

黄成斋、张执中、章仲和、金伯屏邦屏先后来。执中

28,8,15

言，有弘文学院院监大久保高明，拟为余介绍一见。

金君，黟县人。在早稻田大学，极俊爽。

晚，阿波君来。

八月十五日　七时后山根君来电话，约往观富士见小学校。九时往，晤其校长山崎彦八君。先延入其所居室，题曰“成绩陈列室”。四壁悬册簿，皆本校学生所交功课，或为字，或为画，或为纸粘诸花样，择其尤异者而存之也。装订整齐，注明某年生某某。

参观富士见小学

满四岁入幼稚园，满六岁入寻常小学校，四年毕业，入高等小学校，四年毕业，入中学校，总计在本校须历十年之久（本校附属幼稚园）。

山崎君导观览，从楼下之一面起，看毕登楼。复降一次，复登一次而毕。其次第课程据所见如左：

一室　寻常三年男生　女师讲修身书

一室　二年男生　女师提背课本中唱歌

一室　一年女生　女师率诸生立而唱歌，盖依时限，本应出外游戏，因阻雨而变通也

小学课程

一室　三年男生　男师按风琴令诸生唱歌而正其音

一室　四年男生　读书

一室　二年男生　读书　男师讲寻常国语读本择友条

一室　高等一年女生　裁缝　女师授算计尺寸而录于册

一室　高等四年女生　○师授习字

一室　高等二年男生　习字

一室　又三年〇生　读方

一室　又四年男生　化学　男师以化学器讲轻气

一室　又二年〇生　读方

comparison 比喻比较

一室　又三年男生　英文法　男师讲 comparison

一室　又二年男生　算术　男师讲六分之五加六分之一，圆盖中铺六瓣之纸

一室　又一年男生　手纸文。男师书题于漆板，题为《约友观月》而将命意之次第列出，命一生讲说以告众人

一室　又二年男生　理科　男师讲水族贝属

生徒凡分二十三组，此所见仅十三组，盖其中有适值出外唱歌、体操者，有过门而未入者。

病室，卧病者止一人。

器械标本室，有化学等器。

图书室，专备教员之用（学生书亦由本校给发，学生出价）。

幼稚园

至旁近楼上之幼稚园（因地形为之，在高阜之上），生徒百五十人，女师五人。时已将散学，仅见其唱歌旅退而已。

山崎君为此校长已十五年，当时生徒今于大学卒业者甚多。

学中章程时时修改，虽由文部颁令，而校长资深有所经验者亦有自主之权。

此校女生多瘦衣，盖濡染于山根君之教。山根君居距

28,8,15

此甚近，其幼女即此校寻常一年生也。平贺精次郎之女亦在此校。

入校生徒家在本区界内者每年随意捐资，自不足一元以至累万者皆有之。山根君每年捐资不足五元。幼稚园每生每月均费七角五分，寻常小学校每生均四角，高等均八角。 入学生徒随意捐资

校中教员三十六人，生徒一千三百馀人（别有专书可检查）。

日本之初改良也，先立小学校，渐增女学生，次立幼稚园，次立女学校——山崎云。

又云，小学校必须私立，乃广政府之力，万不能偏。东京小学校三百馀，官立者才八十馀耳。

十二时归。与小山饮酒以酹佳节。午号接家书并新闻等，又陈柘叔信、严幼陵先生信、陈瀛洲信。

同小山、泽势访白须贞君于海军省。时公事毕，人已散去，白须君独留候余（预有电话）。导观诸理事室，海军大臣室内陈美国制造军舰之雏形多具，闻每具值七千馀元。

晚邀小村、白须、泽势、和田、井口诸君痛饮，泽势、小村皆醉。

八月十六日　晨结算食宿费讫，十时后迁神田区贵临馆。午小村送一单来，小林光太郎托其转交者也。外务省知照，由十八日起，请双太守寿及余参观各学校，小村特来面告，且言，伊不得陪观。双君有译人木野村，小村属 外务省知照参观各学校

余预往拜之。

张执中招饮偕乐园（吾国厨人治庖，日本桥区龟岛町），同坐有大久保高明（弘文学院干事）、增田芳郎（瓦斯会社员）。大久保畅谈学事，力劝智崇兄弟入弘文学院。增田君有意赴吾国。

参观巢鸭监狱署

八月十七日　晨赴三桥店，偕小山同诣山根君，往观巢鸭监狱署（东京市监狱署凡四处。警视厅医长应兼理其卫生消毒事宜。警视厅所应管者三处皆轻犯也，他一处皆重罪犯），晤典狱神野君。

此署经始于二十五年，落成于二十八年，费四十万元。山根君云，若在今时需百万。神野君云，百万犹恐不足，凡占地七万坪。

署中工场有不如大阪之整饬者。

犯人教室

十六岁以下之犯有师教之，师系本愿寺僧，曾在学堂卒业者。其教室在楼上，神野君导入。僧立台上，粉书漆板，画一大圆，又系说一段，大约言地球向日背日及朝暮间日所在之方向。讲毕质问，解者举手。其他课程有习字、唱歌、算术、读书、体操等等，大略与学校同。学生有衣赭者，有衣蓝者。赭者罪犯也，蓝者但惩戒之也。

犯人工场

工场中有制汗伞者、擘竹者、织布者、制铳者、锻冶者（有刀、错、烙铁等物）、制木匣者、制洋靴者、雕刻者、磨麦者、拆洗邮便布袋者，不能悉记，另有作业日表备检。

至病院一观，看护夫亦罪人为之。山根云，病者日见

28,8,18

少，患肺病者止一人，他病二十馀人，其馀微病服药者三百馀人（署中本日合计一千七百二十九人）。

至制品陈列室一观，皆罪人所制之物定价待售者。铜器最多且最精，价亦甚廉。神野云，价廉者因工钱轻也。 犯人制品陈列室

十六岁以上二十岁以下者亦有教育，但课程较宽。特别庆典有大赦，寻常庆典有减刑，工作尤良者特赦。巢鸭皆男犯，其在市谷者有女犯。

深川印刷局斋藤、木户两君来访，约十九日到彼处参观。二君皆与伊泽君善，泰文同文局书籍皆彼社印刷也。

访双松如并拜木野村君，约定每日参观学校时刻早九时、午一时。访和田不遇。

约敏侄二十初度（八月廿四日）寄诗寿之：

无恙扶桑海上帆，神山毕竟地非凡。

归袋满载长生药，好佐熊丸寿阿咸。

八月十八日　今日原与和田君约观学习院，而小林单中今日应观高等师范学校，学习院则列在二十九日下，因与和田君商定改期。余率二子即赴本乡汤岛三丁目高等师范学校，松如已前至。其校长嘉纳治五郎游吾国未归，有一人导引周览。 参观高等师范学校

校中分四科：本科、研究科、专修课、撰科。

物理机械室：物理本科二年生，师以两轮之器试声之疾徐。

化学室：化学试验室、化学书器室。

图书纵览室（楼上）。

一室授英文史。

以上太略，因彼时未暇笔记，今不能追补矣。崇儿已入此校之附属中学校，他日当令详考之。

午后观女子高等师范学校。伯颜从。

录智崇所记：

智崇所记女子高等师范学校

女子高等师范学校生徒本科二百八十人，年龄十七以上二十二以下，四年毕业（三年半学，半年实地实验）。

学生俱有寄宿舍，非日曜日不许外出。每日五时起，洒扫盥洗，六时早食，八时至四时半理课，五时浴，五时半夕食，夜自习，十时休息。本校毕业后，五年内不得就他职业。前二年依文部指定，至某处任教务，后三年教某处可任己意。

是日所见：英文二年生（教师曾出洋）、家政（女教师）、技艺四年生（师不在）、裁缝一年生（女师）、习字三年生（男师）、裁缝二年生（第一年制布衣，二三年制上等衣）、地理国史专修科（男师）、国语本科一年生（男师讲汉文）、地理标本室、历史标本室、物理（试空气压力）、化学、图画（男师）、博物室、图书室、家庭礼仪教室（附料理室）、自习室（容二百八十人，每案俱有电灯）、体操场（击球）、舍监室、寄宿舍（七人一室，室外俱设风琴）（楼窗内设大绳若干，备失火时缒而下）、医局（每日有两医到局）、病室（无一病者）、谈话室（共七间）、食堂。

附记：各学校以师范学校用款为最多。町村所立小学

28,8,19

校约费千五六百元。奈良人入学者最多，约百人得九十五；冲绳最少，百人只六十人耳。以上皆干事言，干事町田则文也。

自习室聚二百八十人于一室，闳敞而精洁。电灯垒垒如联珠，最为出色。干事云，此唯女子才可耳。若男子聚多人于一室，则嚣然不靖矣。女子性格较娴静也。

八月十九日　访伊泽君，同至东京府师范学校。校长泷泽菊太郎导观。

录智崇所记：

东京府师范学校本科约百六十人，合专修科两科共三百七十五人。 智崇所记东京府师范学校

是日所见：二年二组　汉文（中等汉文读本卷五）、三年生化学（试验铜养）（生徒散后教师特为余等试验养气数事。师名小林晋吉）。

晤关本幸太郎，东京高等师范学校教谕也。化学最精，现受袁少保聘将至保定。是日来此考察化学教室桌椅之尺寸，因此校所制最为合宜也。 教谕关本将至保定

图画教室（模真形作画，教师示以张良像）。

二年一组　国语（“と”字之讲义）、会议室（校中议事之所）、木工金工室（三年生作木工）、动物植物标本室（见木制人之全体形，可以拆卸）、寄宿舍（室广十四坪，容九人）、自修室（容十二人）、附属小学校（已散）。

学生之几案以本校为最新最宜。窗之上眉开闭法甚便

于冬令。

斋藤、木户两君约至偕乐园饭，饭毕同至深川印刷会社。

录智崇所记：

深川印刷会社（东京印刷会社之分社，另有深川印刷株式会社）

智崇所记印刷会社

切纸（美国器械）、画格器械、装订、印书面字（书面上贴金纸，入夹板中，夹板中预排铅字，有汽压之即成凹形，再拭去外面之金）、印号数（女子一人司之，极速）、折书叶（女子二人司之）、装订（以纸一达入机械中，外有轴缠铜丝，摇机数次而铜钉三俱绾成矣。又，穿线装订亦极速）、印书机（美国物也，价最昂而最牢固）。又，印书机下面有纳空气处，使运转无声。印纸片者、写真板（德国制，一时间可印五百枚）、活板（一时间可印千三百张）。有一杂色写真板，凡印十六次乃能成工。上石（观其毕工，印出两笺，社长举以相赠。石俱德产，他国所无。石价每磅十仙或八仙，每方三百六十磅需三十六元）、汽机（日本造，汽机室内有铁管通工作室，冬令送蒸汽于各室，夏则通风）。登楼，〈有〉写真（为纪念写真者缩小十倍之机）、雕铜板者、印各切符者、电镀铜于铅面者、铸铅字者（日可成四万）。

每日工作七时起五时止，中停三十分午食。忙时晚加三时，日曜日休。工价：至精细之工日一元二十钱，童子十仙或十二仙。一台列几案，可览楼下之全，便于查工人

28,8,20

勤惰，且司校勘。

社长星野锡居美多年。私立印刷局此为第一社，立于明治六年。先为制纸局，规模极小，至明治廿九年始改今名，建筑等费十五万元，使在今时倍其价犹不止。其本局在日本桥，横滨有支局。

八月二十日　日曜日。

晨至三桥旅馆理发。至公使馆投刺于蔡公使，并拜冯君孔怀皆不遇。同和田、泽势、小山、崇怡二人饭于红叶馆。饭后，和田君约游向岛百花园。由赤坂乘人力车至新桥，登铁道马车至涉船，乘船至向岛。 游向岛百花园

游览毕，由向岛乘船至浅草，浅草易人力车回寓。

晚，旷生、伯颜、铸生、项莲生先后来谈。

旷生论立学堂事。余又同伯颜至铸生舍一谈，伯颜论王肖航省笔字之妙。

八月二十一日　同和田、小山、崇怡兄弟冒雨至上野公园之东京美术学校，先晤其庶务挂羽田祯之进，继晤其校长正木直彦，导观各室。先至绘画室，有临画者（一年生。置画幅于旁而临之。先植物后动物，因植物较易也），有写生者（置一药浸死鹰于旁，两人各摹其所对之形），有名曰“新按”者（于摹肖之中自出新意也。一生画古人即所谓“新按”者），有临山水者（二年生）。其三年生皆赴校外写生，四年生皆修学旅行，俱未得见。 参观东京美术学校

入雕刻室，见有以泥象人而塑之者（一人坐，一人对而塑之），有雕刻植物于木者（临画幅），有以木雕为 雕刻室

人形者。又见一人坐于圆台之上而四人环向之，各以泥肖而塑之：有正面者，有旁面者，有侧面者。据云，今日初塑，须七日乃毕工，然其中已有得其神气者。有大理石刻动植物（一年生。室中陈列石刻之器甚多），有泥制植物（预备科），有牙雕植物。

又入一室曰图案科，司事者出图若干示客。室中又列内外国古今之器，然今在屉内未索观也（是谓历史学）。

雕金室（一版镶三品金若干条，以纯杂为序，如第一为纯金，第二为金一割，第三为金二割之类。铅亦如之。铜亦如之）。雕器铜为多。室中所列植物、动物、人物无不备（有伊势虾，有蟹，其足皆活动如生。又以一大块整铜刻为兔三头，俱绝工。所见学生作课者唯植物耳）。

漆工室

漆工室。以木傅漆，凡三十三次，而后极光。以漆傅金，凡十次，而后告成，可谓繁难矣。又有以古画一轴画古器物刀箭之属，一人于数尺漆板上描金临之。据校长云，须一年乃毕工。盖为博览会中陈列之品也。又见以泥塑高丈馀之人，系堺市水族馆定制之品，为激水用也。又有锻金者，未及见其作法。校长言，先用蜡肖原形，以泥为模，熔铁入之。

漆工室教师某言，日本漆工最佳，近德国人延日本人往教之，湖北亦延两人往焉。日本所用之木材大半由支那来，支那若讲求此工至易至便云。

校长赠“学校一览”等书，按人遍给。

28,8,22

八人同饭于精养轩。伯颜饭后辞去。

两时同赴东京高等工业学校，晤其校长手岛精一君。导观各室：染者、漂者、织者（有自动机，有脚踏机）、试验物理者、砖者、照相印于磁器漆器者。 东京高等工业学校晤其校长手岛精一

器械甚多而所见学生作工者甚少，盖时限正过也。

四时校内停工，所观不及一半，校长云，请异日再来，赠学校一览。

归途答拜塚谷孝二郎。

晚塚谷来。王荃士来谈，始知育材书塾即其尊人所立。

八月廿二日　和田来，同赴第一高等学校。校长狩野亨吉庄雅可敬爱，导游尤不惮烦。问余等所欲观，双君曰，讲堂所讲余等断不能解也，能于各陈列室一览足矣。 参观第一高等学校

过一讲堂，系二部三年生之一组，师方讲重学。学生不全著制服，校长云，校中规制，唯伦理、体操两课必著制服，他则不拘，观教务知之。

图书馆书凡三万部，其类分哲学、法律政治、历史地理、文学、数学、理学、工艺产业、辞书、丛书类书、挂图、新闻杂志。

藏书之架高约六尺，广少杀，凡六层。书皆立插，汉文书亦如洋书式，盖皆有木函也。图有架，如中国架箭者然。阅书有凭票，有赁金，若在功课中所应查考之书则不付赁金。书皆编号，每年晒晾一次。

专门常用之书不在图书室内，各藏于其本科室中，因

随时须翻阅也。

各种教室参观所见

物理教室。头骨二具一为日人，颧高；一为西人，脑骨巨。地质矿物标本室（分内外国），宝石见本。动植物标本室叶形小蝶，张则为蝶，合则与树叶无别，以便藏身也，出小笠原岛。以显微镜视豆根寄生之微生虫。蜗牛无雌雄，自能生育。（物理用意室）透光电机，微生物有廿二度热乃生。试光线之暗室。电车雏形。炭酸瓦斯。七球相触动。一人以玻管试炭酸瓦斯，初有水不满管之半，以手握而温之，良久水化至尽，徐添之，水复如初。一人以大玻管试铁片与纸坠落之迟速，空气拽尽则二者同时坠，稍入空气则铁速纸迟矣。时计兼地球。过一讲堂方讲地学。

校长备午饭，照章付价，每人八分。饭后观体操。一时后辞去。晤孙范二生。

参观帝国大学工科各学科

饭后往观帝国大学，从工科始。

电气工学：电灯、寒暖计、静电器械流电器械、磁气学器械、电话机、电信学标本、音响学器械、き及电铃、电力传送标本、热学器械、光学器械、气学器械、流电计。

建筑学列品室：雏形器具、匠具标本、名材标本、日本有用木材标本。

土木工学图书室。

土木工学画图室。

造船学列品室：有大小全船雏形，有拆卸形，有中央横断形，有各种机关形。商船、军船、官制船、民船、铜

28,8,22

水雷一，其旁有画图室，木板之上刻半面船形，悬之壁间，取便摹绘也。

土木工品陈列所：转车台、捅门、测量器、暗渠、石拱、隧道模形、斜架拱、楼房、桥梁、灯塔、极高极长之铁桥形。铁桥横形（中有如盘江桥者，上有火车铁轨）。闸。船坞。 土木工品陈列所

机器工学制图室：过门未入。

机器工学列品室：多拆卸之机器，备讲解时用也。火车机、起水机，有屋覆之。

采矿冶金学科：坑道切面，空中索道为运搬用，一抽一送甚便利。电气发火器未启椟。各种卷扬器于深穴卷物而上。秤类、罐类、唧筒类。各种试锥、各种索、各种写真、各种矿质。

应用化学图书室。

定量分析室。

应用化学列品室。

官立磁器制造所：陶器窑雏形、盐田图解及雏形。陶、染、金工、漆工、脂肪油、纸。无机化合、有机化合。燃料、硝、纤料、食盐。硝制物丝细与棉同（案硝即玻璃）。硝制带（阔寸许，如席纹）。造麦酒机雏形。石蜡制品。 官立磁器制造所

工学实验所：未见学生。试物强弱机，譬如欲试铁环，或压之，或离之，或屈之，以指为度，试其能受几何力。（其二）机器多巨者。

四时归寓。

八月廿三日　是日，日本皇灵祭九月廿四，学校皆休课。

访大久保、中西正树俱未遇。父子三人饭于九段坂下明治轩。访山根君久谈，兼晤矶部君。

归，步游神田猿乐町。阅书肆十馀处，买书数种。旷生来，匆匆去。因前度归时太晏，门已扃也。凡休息之前一日，晚可十时归，平日皆八时为度。

参观帝国大学理科各室

八月廿四日　和田来，同至大学，先阅理科。

动物标本陈列室：海中产如珊瑚之类甚多，其他贝类、蛤类、蛎类尤夥。

真形动物：鳄长七八尺。海驴。狐。袋鼠前足短于后足，前半身瘦于后半身，尾如鼠，耳如兔，其大如驴驹。鳖类。大虾。大蟹。爬虫类、鱼类、虾蟹类。皆装瓶内。

骨架极多，不可胜记。蜂巢、鸟巢、蚁塔。脊椎动物肠子以蜡肖之。人全身可拆卸之模形。蚕发育自一龄到五龄标本。鸡、卵变化形凡九等。鱼卵变相自一至廿五。海中小虫变化形。带壳珍珠。

第四实验室。

讲义室。

地质学教室：悬地质等图。

文库。

讲义室。

实验室。

28,8,24

地质陈列馆：略图。硫、铜、铁。铁养、水晶、玛瑙。本邦鲸化石、熔岩钟乳。水晶、双晶、铅、铜、铁、黄玉、锑、黑晶、孔雀石、紫晶。各种骨化鱼化石有全形，有贴于石上半面形。树叶化石。纸制富士山及箱根。 地质陈列馆

地质学教室。

图书馆。

物理实验室：一人试镜照见背面。显微镜、视物镜。升降而物色屡变。

化学实验室。

电气及热化学实验室。

化学图书室。

理化学讲室。

数学物理化学教室。

大学校长室。

人类学仓库：本邦诸地方石器时代遗物，皆三千年前物也其时人食蛤类，故出土之物多为蛤类。支那种类现用品。各国古物器。 人类学仓库

人类学教室：诸人种头盖。诸人种肤色图。猪、牛、兔、人进步图。各种人发。

研究室。

又一室：日本诸地方古迹内外发见品。陶棺土偶等类，有模形，有原形。

地震学教室：适欧人往观，其讲师与欧人英语，又与吾等日语，极诚恳。内一室特为防地震而造者，极坚牢。

在大学午饭，即诸教习用膳之所也。晤佐藤、内山、青山三君，将平贺、井上二君介绍信面交。

午后阅医科。

医科各室

解剖室：陈一人于案，剖肠腹而出之。其人结发为辫，下垂及地。予乍见惊为吾国人，已而见两乳突如，乃知为妇人。询之盖孕妇人。一人手掏腑脏诸物，且掬且报，医师旁立监视之，学生亦旁立。予与松如皆掩鼻急出其旁卧一人亦待剖者。

闻凡入大学就医者，类多寒苦，无医药资，故来求诊。而预发愿心，若不能活，愿听解剖。闻中江笃介君亦发愿请解剖，其脑重于常人。

旁一室列已剖诸标本。

眼科：镜之种类甚多。

妇科。

儿科。

皮肤霉毒病科。

产科。

第一讲义室：过而未入。

病院：有男有女未细看。治外科处，四面列层阶，高者及屋顶。众学生环坐，视其下施手术。

晚惫甚，早睡。

矶部来与崇、怡谈，予未见也。

农科大学

八月廿五日　冒雨访和田，同赴农科大学。其书记武部直松导观。

28,8,25

兽医学教室。

兽医学各室场

标本器械室：寄生动物。马腹虫。马腹内圆石（病也），径约四寸，甚重。一人言，马食料有沙石诸物，久则结成此物。胆石（马胆内结）。毛球（牛肠内，轻）。石儿（马胎变为石）。牛肾石。

一纸牛画着色，而色各不同，某处肥某处瘠某处肉美，各以色别之。头、尾、蹄皆无肉。附记，东京每日屠牛约百馀，下午三时悉售尽。

剪马毛机器。厩模。牛胎。牛胎模型。目模（人兽同）。脑筋模型（神经）。牛肺二一无病，一有病。

家畜解剖室：兼组织实习。

教官室：鼻喉头镜，从鼻穿入而视喉。

病理实验室：微生物种兔身。

药室。

蹄铁场：大小轻重其式不可胜计。

家畜病室：有病犬在木笼内。

各科手术室：厩内一马一牛二羊。

农艺化学。

农艺化学

教授分析室：搅和机斜着水面而机旋转。

学生称量室。

挥发物取扱室。

脂油浸出室。

燃烧室。

淘汰分析室。

亚尔加里即碱

水及亚尔加里分析室。

显微镜室。

日光附近处有足尾山铜矿在焉，洗铜者于河，河水灌民田，民以为不便，历有年矣。近者农学科乃以铜水磨，试诸植物，考其果有损否。

器械药品度室。

讲义室。

暗室。

图书室。

稻试土宜，盆种之。架承之，下安铁轨，晴则露置于外，雨则推入玻璃房内。

雄雌蕊传种改良，印墨笺试麦豆发芽。瓶贮瓜莱诸种。果窳诸标本。农具陈列。二百八年前之陈米。一百九十年前之陈米。

动物学

动物学教室。

养虫室：蝗图。

林学讲义室：地质学标本。测量诸器。

林学标本陈列场。

树体解剖图。

养蜂因路太滑未得至其地。

植物学实验室。

试种地：一十八万坪，内外国树。畜舍牛马皆有之，皆代耕者。猪栅。

制茶室。

28,8,26

冒雨归，过挚师处小坐。三桥店小坐。

晚，泽势君来。

八月廿六日　访伊泽君，冒雨往观渡边小学校。学生七十馀人。皆一师授之，所谓单级学校也。分五组，室才二十一坪，立观一小时。师先画一旗于板，注假名于其旁，令最幼者照写。又：于板之彼端书一“游”字为题，使稍长者命意。一童曰“将游上野”，师则曰“好！与谁共乎？”又一童曰：“与友人。”师又称善，“在何时乎？”或对曰：“八时半。”如是者数次。乃命一人板上联缀之，成一书翰文。师先读之，又赞之，徐指出其未完好者，先解明而后涂改之，如是者数处。遂成一段妥贴文字。 渡边小学单级学校

其女子之长者已能属文。

壁上悬历年生徒卒业姓名表，卒业后谋食者多。入中学校者不过数人，此即村塾之类也。闻渡边教授法，甚有名于时，文部大臣曾往观焉。

又阅益进。

两学校皆已休课。

回寓午饭后，至留学生会馆阅报。读《经莲珊文集》，终一卷乃归。

泽势君夕来，晚归。

八月廿七日　夜，风起。晓，益猛。兼之骤雨，终日不止。楼震撼有声。终日看书。午前伯颜来谈，午后接家信及新闻报甚多，稍解愁闷。 东京附近风灾甚剧

东京附近是日风灾甚剧。

八月廿八日　山根君约赴体育会观卒业式。八时半往，挚师、松如皆至。卒业式从九时起。会中有印成顺序，细目录后。

体操学校卒业顺序

日本体育会体操学校卒业顺序：

一、敕语捧读。此间一同起立，最敬礼。终于生徒一同君ガ代ヲニ唱ス。

二、卒业证书授与引キ续キ校长报告。

三、校长ノ告词（校长高桥君执证书，学生趋之座前受之，甚恭整。一人在校长座后唱名）。

四、本会长ノ告词（会长男爵加纳君演说）。

五、来宾之演说（男爵石黑君演说许久）。

六、卒业生总代ノ答词（有两生执简宣诵，皆逾万言）。

七、学科讲演并卒业生及一般学生诸运动。

运动顺序

运动顺序：

一、棍棒体操（有盘铁杠者、有立顶者、超距者）。

二、柔软体操。

三、器械体操。

四、射的（即洋枪打靶也，四人同射之。时有人在地穴内举旗，未详其用）。

五、游戏（随音乐之节奏，穿插进退，极有态度）。

阅毕，留茶点。十一时半，余同二儿入明治轩午饭，而车遇和田君，午后同往学习院。松如已前至，书记高桥定吉导观。

一室五年生：授几何。 28,8,28 学习院课程

一室高等三年生：汉文。

一室高等二年：欧文。

一室高等一年：欧文。

一室中等六年：代数。

一室中等一年：本国文。

图书馆（藏六万部）。

博物室。

佛独文教室。 佛独文即法德文

理化学教室。

以上皆草草一观，盖午后课程时限甚促也。

阅体操场，一少佐教兵式步伐。其他有攀高木而登者（高过肩），有扶两栏立顶者。其中贵胄居多，且有王子数人（张南皮之文孙即在此院学习）。

访岛田俊龙不遇。

访冈本监辅一谈，年六十馀矣，坐书丛中终日著述。

八月廿九日　八时半访和田，同往华族女学校。松如已至，佐野君导观。 华族女校

中学一年生：唱歌。

中学四年生：理科矿务。

中学六年生：本国文（下田歌子教）。

中学二年生：英文。

一室虚无人，生徒皆他往学画。其桌椅式特适宜。佐野君言，生徒读书时，目去书以一尺二寸为度。故桌椅之 桌椅式特适宜

高不及桌之斜面度，必视生徒身材之长短为准。故椅背各注七八九十字为识别（椅与桌连），桌之合叶扇撑起时，须与平面得四十五度角。

桌制，平面凡三段，合叶起前一段，便于出入，且为读书时立书册之适宜处。再起第二段，其下为安放书物处，为扁箱形而其右端缺数寸，别有小屉，自右面插入（内置砚），桌面之左右两边皆有置铅笔之凹（各学校桌多有之，纵横不同）。

理科教室于人体模型外，另有以皮为全身形者，此为女学校所独有，为生徒习绷带法而设。盖男生即于本人之身试练，女子则不便也。

女校独有之模型

小学一年生：修身（女师）

小学二年：修身（女师）

观运动场。

观击球场（设网于中为界，左右相向而击球，此平日所习见也。今日又见一式，植竿于地，高约丈许，竿之上端系绳，绳系球，去地约数尺，左右各立数人击之，使绳于竿者胜）。

又一处，一丈许长板安于木架上，可左右抑扬，两端各四人蹴之。

观附属之幼稚园，方值游戏，保姆两三监之。

浅冈君导观。

高等小学二年生：唱歌舞扇。

中学三年生：图画、写生，两人各临一像片，神情皆

28,8,29

逼肖。

刺绣科：于木匡绷纱而绣花朵形。

博物标本。

运动场：手扶两栏悬两足而前行，以两足抵栏之一杆，卧置肩于此栏之杆而首下垂。

观毕小憩，下田歌子、细川校长俱陪话。话毕又导观哑铃操及普通体操。

参观幼稚园食堂

观幼稚园食堂。堂中列矮几十数，每几坐二人或三人。豫列其所自携之食物于几上（皆彩布包裹，五色相映甚绚烂），至食时，诸儿童入。保姆立据正中之案，宣口号，诸童皆立，向保姆为礼，然后就坐。各解其裹或开小木盒取箸取饭，或手持糕饵徐徐咀食，从容而有条理。以四五岁童子又多出于贵戚之家（王子、大臣子甚多），而能就范围，去依傍如此。甚矣，幼稚园之为益大也。

凡接送幼童之女仆，皆聚待于一室，两行对坐而操女工。其不肯须臾废时如此，亦愈见学校之计划周密也。

约木野村、和田、松如饭于红叶馆，外务省单开各处，至今日参观已毕。午后往访小林、小村两氏，俱不遇。答拜伊藤稻子于下田歌子家，不遇。下田亦适将出门，立叙数语而别。

东京盲哑学校

八月三十日　早赴东京盲哑学校，和田犹未至，投伊泽绍介名刺于其校长小西住八。延入，先以概览数笺见示，又引至理科教室（标本甚多），其中有大小地球各一。大者浑铜为之，小者纸制，皆依山川之高下而凹凸之。盖为盲者可以摸索而学也。

又见字母机器两具。一为日文字母，一为英文字母。

字母机器

一教师以所印日文一纸见赠校长，又特印英文一纸见赠。其法，圆排字母成一匝皆斜聚于圆心点，各有机连之。机之端一平圆之顶，其上粘纸，注某某字（每圆两字叠写）。印字时先铺纸于下，以铜界之。欲印某字则按某字，其机每按一次自能下移一字之地位，故无字上压字之虑。每一字叠两字，一字按本机一字兼按左边之小圆，则自能推开此字而印彼字也。

传声皮袋

一传声之皮袋，一端如小乳头形，一端为喇叭形。对此端发声而彼端插入聋者之耳。余试之，其声震耳。

门前小立片刻，见男女哑生指天画地，来往纷驰。有喧争者，有被击而号诉于人者。

哑生教室

哑生之教室以诸色旗为识别，将理课时，执旗之人摇向诸生。各辨已室之色追随而至，室门各插一旗。

第四室二年生，教算，浅近乘法。

第五室三年生，乘法。

第六室四年生，粉板书和文一段，一哑生指画传神。

楼上裁缝教室，六七人，男子止一人。

盲师教盲生琴：一盲生摸字抄书（摸从左起抄从右起）。

一室列外国盲生制品、外国痴儿教具制品。

哑生图画教室（画极精，传真者逼肖）。

第一教室：最幼之哑生。

28,9,1

第二教室：二年生。

约和田君来寓午饭。筱山来谈至夕。

写家信。

九月初一日　和田来，同步至万石桥，乘马车赴上野。又乘人力车至音乐学校。校长渡边氏已赴北京，代者大岛君导至奏乐室。正中一高台，如吾国戏台。然其下，层层列坐，渐次而高，闻可容千人。台上外国教师二，日人男女十七人合乐，外国师一人以箸指画，抑扬以为节。 音乐学校

听歌两阕，登楼略观数室。每室或一人，或虚无人，皆置极大之风琴，皆自习室也。

所见，四十一室、四十室、三十九室、三十八室。

晤柏树岩，略知清语，亦学生也。

大野铃子托寄信物。

饭于不忍池之虾楼（杜撰名，凡称鸡楼，鸡屋之类同此例）。

饭毕，赴山根约，往观造自来水场（由牛込区乘汽车至新宿站，即相去不远，有山根之友矢野君陪往）。 自来水场

观沉澄池、洗沙场、给水渠、机器室，携图而归。

晚山根君招饭富士见轩，和田君与焉。

九月初二日　高阳馆访秀丰，同至弘文学院。同大久保君叙话片时，先至讲堂听葛冈君讲法律。唐君译之，听一小时，别有笔记。 弘文学院

大久保君导观各讲堂。

一室，教日本历史。

一室，教日语入门。

一室，教文法。

后听山路讲小学教育，唐君译。

晤戴邃庵庶常，又湖北派习警察者廷伯先、石芷舫。唐君招饮凤乐园，以上三君皆同坐。

冒雨归寓。

九月初三日　九时半同伯颜步至万石桥，乘马车至新桥，乘汽车赴横滨（车行五十五分）。步行至山下町，饭于永乐轩。新民社买书数种。至大同学校，先至其旁之关

大同学校 帝庙一观，所陈列皆广东物也。学校校长林君奎，南海人也。时已将休课矣，略一周览。

一室学英文。

一室学英文、地理书。

五时归。

九月初四日　青柳君来访，谈次为介绍之名刺，致高田早苗。

会馆秋季大会，余九时至锦辉馆。

章君演说。

会计王君璟芳报告。

招待高君报告。

馀不悉记。

选举干事，用投票法。有主三十票者，有主二十者，有主十票者，卒从二十票之议。凡三选，恰得十二人。立食。

28,9,5

饭后到同文学院观体操。夕偕旷生、润甫来寓。留晚饭，食精肉，八时散。 同文学院观体操

九月初五日　是日，和田君约往见大限伯，并约唐秀丰为通译。九时半往访秀丰于弘文学院，待其课毕同至大隈邸。和田先至，延见，谈一时有馀。余略问小学教育法，伯言德育、智育、体育云云，亦所习闻。最后，余问："人言，智日进则德日退，然乎?"（日人作此论者甚多。）伯曰："是大不然。是固兼进无退之理。"与余私意极合。一美国新闻记者在坐，与伯问答，一日本人译之。余问唐君，所言伊何? 唐君言，但闻记者问："日本之文明但取诸欧美乎，抑兼用本国乎?"伯曰："取人之文明则己之文明自进。"其言简括、得体。伯朴僿如村妪，而其生平所为乃若彼。贤者固不可测! 大限伯

约和田、唐君饭于凤乐园。饭毕，和田辞去。同唐君至早稻田大学，大限伯所私立也。旧名专门学校，今年始易今名。时高田君已归，田中唯一郎导观各讲堂。 早稻田大学

一讲堂，讲法律。

一讲堂，教英文、地理。

一讲堂，教政治。

一讲堂，讲《大学》且粉书于板：曰"骨"、曰"切象"、曰"磋玉"、曰"琢石"、曰"磨"，"朱注不合《尔雅》"云云。又其旁黑板有漫书字迹"胡克家何义门嘉庆十四年"等字。 讲《大学》

图书出版部，书纵横地上，未安插，因藏书楼尚未毕

工也。钱念劬捐助书五千册。

早稻田大学学生三千人，附属之中学一千人，呜呼盛矣！

私立官立不能同

论宫室之美、器具之精，视帝国大学弗如远甚。盖私立与官立往往不能同，亦财力致然也。

前观帝国大学详于标本诸室，于讲堂全未寓目，今日所参观则讲堂为多。

晚率崇儿访伊泽君，商保送师范中学校事，伊泽君许诺。又谈编书事。吴止欺通译。

九月初六日　熊慕蘧、夏爽夫自德文学校来，谈一小时。

贵州蹇君季常及其侄方叔、经叔、桓驹、赵君孟刚、毛君子龙、黎君伯颜、仲苏约余父子三人同赴万石桥写真，复约至富士见轩午饭。

饭后赴印刷局参观，山根君约也。

印刷局参观诸设施

雕刻铜板者（有自动之机，自成文理者，系美国最新之法）。石印纸币者（阅纸币见本；有湖北、山东嘱托者）。递信省封筒。公债券。炙印花纸背之胶水，其室热气扑人（闻热一百三十五度）。刻花缩小机（铜像仿画于纸上如凸出然，盖用西洋法也），石印小机直七八十元，每日印四五百张，大者可印四千张。明信片铜板、铅板。

一铜板先濡水筒中，取出则色变白，又置一水盆复黄。闻此系秘法专利者。

印明信片者。以机刺印花纸边小孔者。抹糊者（机

28,9,7

器损，暂以人工代）。刺小孔之机，美国制者，纵横分两次。德国制者，一次则纵横皆具。

圆机印纸币番号，其字凡五位，可印九万九千九百九十九号。

活版部。制颜料、制银朱、制印泥、铸铅字、镕铅板纸模，印官报一时可印二万张，刮削铅字者。

女工数电信纸者，旁置海沫小盒，为抹指之用，恐其有毒不宜粘唇也。

与局长略谈，辞山根、和田而归。吴止欺、大久保先后来。伊泽来函论编书事，即复之。

九月初七日　和田君来，同赴东京高等商业学校讲堂凡二十三，未遍阅。 东京高等商业学校

一讲堂讲经济学（其师从德法学三年，去年始归国）。

三号室（学生阅览室）。

二号室（事务室）。

六号〈室〉（本科一年生）。

五号室（预科生）。

实践室（中设连柜，如廛市当门者。然三面相接如磬折形）。当心有仓库等，是为习社会之式，两旁又设为店铺之式。向例每周间皆习实践，近因经济加课，故实践暂停）。

楼上有商品陈列所（湖南漆、贵州草、北京之磁）。

又列输出品各注国名，大抵皆投其所好者。

遇湖北留学生：江夏权量字谨堂、咸宁张鸿藻字子鱼。

因讲堂大同小异，遂不遍观，别去。

和田君因时尚早约赴日本桥区常盘小学校一观。

常盘小学 常盘寻常高等小学校附属幼稚园。

教员廿八人，男女各半。

教室廿一（裁缝、唱歌室不计列）。

小学校男女生共千人。

幼稚园百五十人。

幼稚园 观幼稚园。

最长者一班：唱歌，师谐以乐。

次长者一班：织纸为各花样。

最幼者一班：方木排，师涂黑板上方格为朱为黑，令其仿肖。

皆在楼下。

寻常男一年生：楼下物算。以木排又架悬球教识数。

二年仝：背九九歌。

三年、四年俱未见。

高等男一年生：楼上分两班一班师以鼹鼠标本讲物理，一班方出外唱歌。

二年：同。分两班，俱讲国语读本。

三年：同。同。

四年：同。同第七。

寻常女一年生：楼下。

28,9,7

二年生、三年生：俱楼下未见。

四年生：楼上未见。

高等女一年生：楼上女师授历史。

二年〔生〕：同。对册习唱歌，男师琴谐之，屡正其音。

三年、四年：俱楼上，俱未见。

敷地九百七十一坪，建筑三百三十一坪。

运动场三百七十一坪，附属五十七坪。

廊下四十三坪有奇。

经始费六万馀元，岁费万二千元。

观体操器械陈列室及儿童便所，皆校长所深费经营，洋人所略者也。

阅毕，至旁近处西洋料理屋午饭，饭后往观日本银行。先至应接室小坐，执事某君导观。 日本银行

观销毁纸币机，叠旧币厚寸许置圆机下（机如竹筒形而刃极锐），穿三巨孔焉。 观销毁纸币机

又一室有女子二百人，各据案按号簿捡废币之某号，而以戳记盖之。吾津所谓销号是也，手眼敏速且准。

又见焚纸币之炉。

生电机器供电灯之用。

导入深径，循壁设电线及水管。又前行至深处，一军士守门。入门则电灯照耀如昼，有金库、银库、铜库，以甲、乙、丙等字编号。

登其升楼之机至最上层，有教徒弟室（教簿计、算

学，是日未见理课)。

一室列本国古近及外国各金银币，案上三面列木椟，凡十八。每椟启盖有屉二三层乃至四五层，镶币于屉内而签注之，东西各国乃至土耳其、印度、朝鲜皆用钱，无用元宝者。纸币皆雕印，工细无草书者，有之唯吾国。吾国凡占四椟。

银行大门之内四面列肆，如吾津所谓柜台者，而其出纳于小方棂，又似停车场之卖票处也，其名目列下：

银行柜台 仕拂（支付） 受领（收到） 案内（指引）

营业部收纳。

营业部仕拂。

仕拂命令受领。

案内命令受领。

中央金库仕拂。

仕拂切符受领。

中央金库收纳。

泽势、和田同观毕，辞去。余等亦归。

晚与伯颜长谈。

九月初八日　与伯颜至饭田町，乘汽车七时半行，历二十分时至新宿下车，步至淀桥町。访青柳君不遇，遇其母氏谈数语。余托伯颜致谢意后归。

清水君昨日至自大阪，是日来访。

为和田、山根、木野村诸君书屏。

午赴会馆买书数种。

接陈瀛洲函。

28,9,9

挚师来访，留晚饭。师明日往观庆应义塾，约余偕。 吴汝纶约观庆应义塾

九月初九日　重阳。

同伯颜至挚师处，同往庆应义塾。张星五从焉。塾长镰田荣吉、教头门野几之进、事务员某同导观。记所见如下： 参观庆应义塾各处

大学部

一室讲心理学。

一讲海商。

一讲货币。 大学部

一讲历史。

一讲英文。

一讲德文。

中学

第一室：未见。 中学

第二室：英读本。

第三室：国史。

补习科空无人。

七室：英文。

八室：未见。

九室：算学。

十室：物理列座层累而上，旁有理化机械室，所储器械颇不多，惟见一形星轨道之雏形，甚便讲授。又蒸汽机雏形。

十一室：英文。

十二室：空。

十三室：空。

十四室：英文闻晚课商业。

十五、十六：皆代数。

十七、十八、十九：皆英文十八室师系英人。

每室设二十四桌，每桌二人。

中学自修舍，每室三人，三人中推一人为室长（间有四十者）。四十疑误

中学寝室，每室六榻。

食堂可容二百馀人，当每人座位之上悬番号小牌于椽。

小学

小学 第一学年：以杂色绒缠果实如吾津所谓喜果，一美国女师以英语教之，而日本男师为之译解。

第二学年：日本师教寻常国语读本有美国一童附学。

第三学年：日师按琴教唱歌。

第四年：空室。

高等一年生：日师教高等读本（室以书板为顶）。

高等二年生：日本国史。

小学内室运动场。

小学寄宿舍：有保姆照顾。

小学寝室。

漱洗室。

人数

各级人数 大学约五百人。

28,9,9

商业科三百馀人。

中学八百馀人。

小学二百馀人。

小学毕入中学，学毕入商学。其由小学径入商学者听。

中学寄宿舍约二百人。

学费

大学部，每年纳三十六元。 各级学费

中学：每年纳三十元以上两项俱分三季收。

中学寄舍料：每月八元五角。

小学内宿者，每月纳十五元，外宿者纳两元。

中小学所收费敷用，大学部岁亏约二万元。

此外有书籍馆书六千部、读书室、演说室、新闻杂志纵览室、事务室、应接所。

别有类俱乐部者，为学生游戏之所。其中有理发处、有浴室浴一次收钱二文、卖食品处，俨若设市，亦别开生面之一事也。

操铳每周一次，但演式，不射的。

三君殷殷解说，星五为之译。当游览及半时留午饭。饭毕，复观，观毕复谈，三时半乃散。

答拜南洋监督、海宁姚文甫理问。

访小村辞行，闻其赴病院养病。

塚谷来，眼镜商关谷佐吉来。

致瀛洲函。

取款寄款

九月初十日　到鸿池银行取存款，到浪速银行为崇儿寄款。到东京机械制造会社买三球仪及助力器具模形。

午后冯立夫、旷生、小山、大桥秋水、清水芳吉诸君来。旷生为余拟中学课程。

参观上野美术协会

九月十一日　同清水君、智怡往上野观美术协会人给十钱。所列之品曰画幅、曰铜器、曰漆器、曰石器、曰磁器以至金银七宝之类，大抵以雕镂见长，而价皆奇贵。一瓶注价千数百圆，一纸烟入二三百元，可谓侈矣。然人巧之极，真有可惊可喜之处。

至浅草幻灯会社，观画片许久。

至浅草桥，饭于牛鸟屋。午后同往教育博物馆。

第一陈列场外有立牌，题曰：家庭、幼稚园、小学校用具及成绩品。

第二陈列场立牌署曰：物理、数学、星学、地学、化学、动物、生理、植物教授用具。

第三陈列场署曰：实业教育用具及成绩品、图画、音乐、体操教授用具。

以上细目另册记之。

由第一场出，升阶即孔子庙。第一重为入德门，又进一门，额曰杏坛，又进为大成殿，大成殿有图书阅览室。欲入观者，于阅第一场后，须换牌持入。余以图书不胜其阅，遂不入。

晚观试幻灯。

中西正树来。彼此往来凡七次，至是始得见。

28,9,12

日本政府将扩张海军千二百万吨，每吨千元，以十二年为期。是每年须增筹二千万元矣。五年前增加地租七百馀万，至明年期满。政府以增海军故欲推展之，而民不悦。政友会与政府反对，今尚纷议中。中西君云，再过旬月，可以定议。若政友会之议胜，则内阁恐有变动。 日本政府扩张海军

日本岁入禀八千万元。

九月十二日　写赠伊泽、星野、斋藤、木户字幅。泽势、小山来访。

率智怡到弘文学院访秀丰，同访鸟尾子爵，和田君先在焉，论作文三要及党派之有益于政界。谈毕赠书数本。 弘文学院鸟尾子爵

富士见轩午饭。

根津一处辞行未遇。

近卫公、吴先生二处亦未遇。

三桥店写字十馀笺。

山根、平贺、石坂三处辞行，俱匆匆数语。归已曛暮。法学士鹤冈君，王荃士之友也。意欲游北清，因荃士来访。

冯鸿若茂才，粤东派学师范速成科者也。前曾屡晤未深谈，今晚特来见访。畅论教育之法及吾国现今情势，其持论详核而平实，异夫叫嚣而空骛者。余托其代觅讲义录寄津。 粤东派学师范者

九月十三日　为权谨堂书《东文法述略》封面。

访伊泽，辞行，赠以诗幅： 辞行伊泽赠之以诗

门前生意郁森森，不负东皇茂育心。

最是人生真快事，手栽桃李尽成阴。

伊泽之夫人通汉文，讽览久之。

旷生、润田、润甫来谈。

夕至新桥送挚师，冒雨归。

新桥遇本田幸之助，言有诗赠余。又一人名池田谦之。吴止欺、毛子龙、伯颜、铸生来谈。

九月十四日　访岩谷松平，是日适休息，仅观机器大概，一人特为客试卷纸。巧速不可思议。一小时可成万枚卷成兼印字记。

午后偕泽势、伯颜、小山乘汽车往观品川织绒工场。工之初与造纸法近，工之终与织布法近。是日匆匆，未得详记。

离开东京众人送行

至聚星馆清水寓所，写字十馀纸。五时半同清水、智怡登汽车，六时五分行。送者，华友：秀丰、小山、仲和、止欺、立夫、爽夫、旷生、润甫、鸿若、荃士、励卿、铸生、棣生、豫生及贵州八人。日友：山根、伊泽、和田、泽势、木户、阿波、村濑、大桥、大久保、及三桥店之司帐某君也。

车中人满，不得凭倚。以日间所买《东游丛录》读之，至竟夜过半，乃得睡数刻，悔不坐寝台车。

九月十五日　九时后至西京，寓三条桥西若屋，甚整洁一泊一元二角，中饭六角。午后，清水君导观妙心寺、金阁寺、大秦广隆寺诸胜，皆规模壮阔。竹树泉石、古书画之属颇多。但悉非余所注意，故不以为奇。归途经旧皇

28,9,16

城，视东京差为壮丽。午前写明信与门田，商天津之游。又明信片寄智崇。 明信片

访吴先生于柊屋即西村，方为日本人书诗幅。坐客甚多，不多谈，遂辞归。

九月十六日　早阅肆至劝工场买织物数事，又至清水谷松韵堂买磁物数事。因至其工场一览，内有画工数人，方执笔描写。余从清水君言，书茶杯二十馀题款，令付陶以备赠人。 茶杯题款以备赠人

门田君至，约晚车往大津。

吴先生来访，为余书一扇，同往阅书肆。

西京书肆古书较多，规模亦较东京闳敞。所见监本纂图《尚书》三册，索价百五十元，《唐文粹》三百元，《事文类聚》《客斋随笔》，价不确记，大约皆较北京厂肆加昂。

又《苏书陶诗》汲古本，索五元，予之三元不谐。

西京可当“朴素浑坚”四字，似犹未失旧观，电气车则他处所无。 朴素浑坚未失旧观

晚饭后，清水君归大阪。余父子同门田乘汽车赴大津。

十时至，宿竹清楼。

大塚、植木两君来访，皆门田友也。

九月十七日　朝食后，同门田君往第九师团驻兵处，有人导观。观教室二，一学国文，一学数学，数学教习即植木中尉也。 第九师团驻兵处

宿舍、食堂、炊所、缝工、靴工作业之处，藏军装之室，皆遍及焉。门田君〈云〉，有他人所不能到者，今特破格。

晤联队长谈片时。先至其第一中队长室，坐良久。登长等山眺望，山上有纪念玉坐处。盖天皇昔曾临幸之处也。日本人之尊其君大率如此。

西洋料理屋午饭，大塚之夫人来访。

饭后至琵琶湖之嘴，乘小舟穿山洞三次回西京（是处即所谓疏水处，其工甚钜，予别有札记）。

停车场与门田作别，乘汽车。七时至梅田，赴川口七十番，假聚源成室内宿。

九月十八日　各室周旋，并到六十六番与雁清同访梁竹香。

午后率怡儿访清水、西岛、中川、田岛、山田、广濑诸君，兼致馈物，夕归。

雁清招饮古川俱乐部，孙实甫、梁竹香皆在焉。饮后两君来畅谈至三鼓。

论币法　实甫论币法，谓我国宜用。金为本位，而铸重一两之银圆，又铸当十之铜圆，各立定率。其论造币法甚详明，惜余不悉记。

九月十九日　寄崇儿信。

张星舫来久谈。

六十六番诸君同来小坐。清水君来，广濑君来。

同清水、智怡阅市买物，饭精肉。二时归。

28,9,19

同西岛君赴三平社观制造钮扣、灯托、铳弹诸场。

钮扣之制自剪铜以至装匣，凡历工作十四五番。馀所锤花纹者、制环钩者、粘环钩者、火炉烧炼者、嵌扣于纸板者、包裹缠束者，皆极敏速。间日可成扣三十七万枚，夜工亦如之。凡用男女工千人，开创在二十年前，资本三十万元。临去津田赠钮扣及未成之弹各数枚。弹制成者，每五枚值洋一角四分。津田招饮俱乐部，西岛陪。

钮扣之制凡历工作十四五番

津田言，活板机器德国为良，最大者每具值万五千元，次者亦万元。

取缔役之株数不得少于六千。

取缔役即董事
株即股份

写寄崇儿信，惺侄信。

怡儿宿清水家。

九月二十日　晨赴九十六番室，皆虚无人。留刺于星舫之案上而归。

西岛来。同往观西天满小学校。梁竹香、孙实甫、陈瀛洲皆至，校长多罗尾君导观。

参观西天满小学

幼稚园凡二百人，初合班唱歌，继而分三班。其二班各退入其本室，其一班唱歌讫，复易彼班。唱歌时兼环步，终则捕鼠为戏。

其在本室者，见一班学木排为宫室、舟车、人物、花木诸形。

小学校。

一授国语者，师书“武器”二字摘读本中字，问：“何解?”一生起对无误；又问：“器皆何种?”又一生对某某种。师又因而讲解之。

有教习字者，每人各抚一字模册，恰临至“邮便电信”一行每行四字。师书“郵”字于漆板，先收一“ノ”，既而成“二”，既而成“垂”，成“垂”，加一画则讲其用笔之法良久。又故作一不合法者，以为比较。已而又书两“阝”字，一转折处无力者，一有力者，而讲其优劣之故闻每周止习四字耳。

习字之法

有教算者，先画一横线于漆板，而画分为数段，参互问难而指授之。

实甫招饭大阪俱乐部。

饭后同观造币局（非局中人绍介不得辄入，每入不得逾六人）。

造币局截金银由方块而渐变为叶，由叶而成为圆钱形，而后琢錾，此其序也。其详见吴先生《丛录》及崇儿去年游记。

吴汝纶著《东游丛录》

观毕，复回西天满学校。索书者甚多，约两时间乃毕。留晚饭。

天满学校始建于明治四年，凡三塾，至十八年始合三塾为一。集资者凡十二町，岁共一万二千元，其经始费不过一万馀元耳。设在今时，须加二三倍。地名西天满老松町。男女学生八百人，幼稚园二百人，教师男女共廿五人。十二町户数二千二百馀，丁口一万二千，入校者约千人，合高等计之入学者约百人得九十七人。

天满学校简介

是日镗子兄弟约智怡写真。

28,9,21

九月二十一日　午，铃木君来，同铃木清往观西区区役所，凡分四课。

夕书屏对甚多。

晚，曹瀛洲招饮俱乐部。

九月二十二日　陈瀛洲陪观旁近之本田小学校。先观女师教制薄茶仪式，此乃日人敬客之礼，甚繁赘。又观教裁缝者，又周览各讲堂。 本田小学女师教制薄茶仪式

午，大书屏对。

晚，宴客于俱乐部。饭毕，复作书，逾子初乃毕。

实甫久谈，至电灯熄后始去。

写寄崇儿信。

接悃侄信，内有李子香托购书目，时太促矣。托石塚君代觅，如可购得，明晨送至车站。

九月二十三日　发大阪。八时半抵梅田。送行者竹香、雁清、曹瀛洲、敬一、新桥、静泉、凤斋；日友西岛、多罗尾、清水荣次郎、清水之夫人、田岛之夫人，送至神户者陈瀛洲、周庆镛。清水君有事失期，智怡候之。周、陈二君送余及门田君先发，神户田中旅馆午饭。清水、智怡少顷亦到。 离开大阪

一时廿分神户汽车发，汽车给仕持辨当引换券遍问乘客，有欲用者则给一纸而计其人数。电致冈山备办如其数，届时凭券付给，每份廿五钱，是为上等辨当。给仕极谦和殷恳。

乘客一老人，至应下车之地而忘之，车既开始惶急欲

下，给仕飞跃至其前阻之，特为此老停车片刻。

晚饭于食堂，较东海道食堂稍狭。

抵广岛

十时抵广岛，宿停车场前吉川旅馆。

写明信片致桥本贯山。闻其驻军处距此仅十七八町。

泉邸别墅
第一名园

九月二十四日　电询桥本，尚未归也。食讫，游泉邸，一名缩景园，侯爵浅野长勋之别墅也。兼有山水树石之胜，为日本第一名园，治园者咸往取则焉。

冒雨循城垣历数街而返，直赴停车场。十时十五分车开，遥见兵房及二叶山公园，十一时半至宫岛。

傍车场之旅馆皆立人于门外，遥见客至则殷勤招唤。入宫本支店（店号岩惣），存荷物于该处，但提小皮包就汽船往游严岛。

由宫岛至严岛，汽船行八分时，往复日十二三次。

严岛下船

到严岛下船，该店员导行里许至山麓旅馆中，即该店之本店也。依山取势，结屋凿池，茂林掩映。偶间红叶，山泉激石，小具瀑布之形，颇觉悠然意远。四人缘磴登眺，四无人迹。但闻山下弹丝作歌之声，弥觉意境旷邈。该店具午饭，饮酒甚乐。饭后寻原路归。山下列市售诸木器、灯器、瓠器及诸玩具，至一店买数事归，店亦宫本所设也。

四无人迹
意境旷邈

躐山径而上，过长廊，悬额甚多，有书有画有美术品。又过一巨厦，四周檐下挂椰瓢甚多，类吾国之挂扁还愿者，清水曰："战后兵士之所为也。"三时十五分复登汽船，行八分至岩惣支店。小坐候汽车。

28,9,25

途次遇一宪兵，问木村乙松所在，曰："赴朝鲜矣。" 途遇宪兵前往朝鲜

四时十三分发宫岛，九时十分至下关，宿川卯支店。

检度员一见知余名，且知住址，乃知其为绳田助太郎，曾介藏斋乞予书也。故又知藏斋去年五月归国。

九月二十五日　晨，游马关街。由山下街往，由海岸街归。过引接寺不入，春帆楼亦然。引接寺前立牌署"清国请和大使李鸿章旅馆"。 春帆楼

莫过引接寺，莫登春帆楼。

恨来天地莫能载，藐尔东海焉容收！

午前渡至门司，访蒲生敏郎于其家不遇。饭后登汽车，一时十分发。

过大金傍海岸行，海即玄海也。过小仓，亦一名区。过大藏，其南有制铁厂傍海岸。清水君云，日本制铁厂止此一处。四时二分过博多，巨镇也，有纺纱厂。清水君言，元人曾袭此。又查票一次。过鸟栖、中原、神崎等处。一路遇来车多次。过佐贺用辨当。过早岐，名区也。四人皆睡甚酣。车内定员廿四人。吾四人只有一人，安卧而睡，与寝台车无异。十一时后至长崎。 至长崎

易人力车南行，许久至福岛旅店宿焉长崎市外浦町四十九番。

车场去船港太远，闻已有改近之议。

九月二十六日　晨，四人游市街。先至中国街理发，复循河干南行，经西洋廛市，未尽而还。山上一酒楼午饭。游劝商工场。 至中国街理发

复本田信，并次其韵，未存稿。

寄松岛钲四郎信，附青柳介绍信。

寄庆钟、瀛洲信。

寄智崇信，是为第六次。

“西京丸”未到。

諏访神社赛会日，士女云集。晚市上一览而归。

长崎风俗颇有与吾国相近者。

九月二十七日　晨，四人游諏访神社。登高望远，景色却佳。

游劝工场

二叶亭午饭。复游劝工场。

吾国人游日本者，如欲买物品，莫如往劝商或劝工场。一则百货悉备，不烦寻问；再则价皆注明，一望而知，取舍随意；三则凡劝工场皆深曲，外国人买物不致招路人聚观也。

三时半乘小船赴“西京丸”（行二三里）。王渭占候于船面，又晤其同番许鹤泉。双松如、赵孟刚，皆同船。

坐二等舱，每舱纵横四榻之外，复虚一榻为公用地。

食堂即在舱门外，但坐位有定，一成不易。

九月二十八日　夜屡醒，微觉摇荡，然不妨睡。

午后松如来谈。

访孟刚谈。

渭占及智怡皆卧不起。

“西京丸”载四千吨。

午后登最上层楼与松如闲步，松如居一等客位也。

28,9,29

九月二十九日　五时后舟停，九时至上海日本码头。俈孟刚、清水、门田、智怡往全安栈，遂宿焉。 至上海

午访廉浦，恰心容亦在坐，询知三两日内无赴津之船。

谒小舫叔，遇费勉卿、杨小坪叔。晚小舫叔招饮于一品香，同坐周金箴晋镳、陈子琴薰、家渔三廷宾、杨小坪叔、费君勉卿。

东招两日友尚未回栈。

十月初一日　拜心容。

又拜聚源成甲号司事田润波。

涂筱斌兆龙以周金箴之托来请，往观华新纱厂及其旁近之造纸厂。

午后参观毕。

四人游张园、徐园、愚园，灯下归。

心容遣其店友余戚陈秀山来栈为余理杂事，日以为常。

十月初二日　开明书局晤王荃士之兄毓才。 开明书局

廉浦招饮一品香。

孟刚约往观制造局枪厂、炮厂。

晚，杨小坪宝丰楼饭。观剧。

十月初三日　早书联扇。

到裕祥买鞋。

心容招饮新泰和。

访夏薇卿于舟次。

游城内，循河干归。

田润波招饮新泰和。

开明书局买书。

南洋公学

十月初四日　独往南洋公学，晤汪芝房。陆君导观上院蒙学堂借上院暂设及理科、化学诸器械室。

晤李叔彤

晤李叔彤。

廉浦邀食鲥鱼。

再赴制造局，因毛实君屡约也。

小舫叔招饮长乐意。

写屏联至深夜。

十月初五日　小舫叔来，适曹寿卿在坐，遂通拜。午偕敏斋同赴小舫叔公馆。晚宴一品香。

熊秉三即熊希龄

十月初六日　汪穗卿、熊秉三、曹敏斋、毛实君来访。实君招饮一品香。

午，心容、廉浦来。

子均邀游马路。是日为西人赛马之末一日也。路遇杨小叔。

一品香饭，遇小舫叔，又合为一席。

李石曾遇于一品香，来栈谈至二更。

晚由全安栈登“新济”船，闻其次日不开。从子均之教赴其公馆旁近之日本松崎洋行，一则可不携夜具，再则明日可就近同往澄衷学堂参观也。

参观澄衷学堂

十月初七日　何蒙孙导游澄衷学堂。归则怡儿喉痛不能支，就诊于英医巴君，谓不宜乘船，乃改行期。

28,10,8

刘葆良太史导观各处。先斋房，次讲堂，次膳厅，次教师预备室、藏书室、教师宿舍，规模严整，学生皆肃穆有秩序。

葆良赠章程、字模等多种。

总教习章一山梫，新科孝廉。

九华楼与葆良、子均会食，葆良约也。

十月初八日　怡儿病未减。小舫叔、子均弟、心容、廉浦两君皆来看病。

午，余赴澄衷学堂，葆良昨约也。

遇高屿卿太守英，宁波府知府，有能吏名。复同观讲堂。

葆良示余学生课作。上者作时务论、史论，中者拈数字作论，将所拈字随意安顿，又次者默字十六并将注解写出（注解即字课图说原文）。学生课作

巴医予丸药催大便，并予药水。

十月初九日　怡病未减，巴医复予喷喉方。别拟散药方催大便，怡皆不甚信之。

葆良来，闻怡儿病未减，小坐即去，送来治喉症书二种。复延日本医来诊，言西人方固不误，但少解热之品，乃服其散药。又遣学徒来，用灌肠法催大便，又用吸蒸气法。越两时许见大便，稍觉轻快，食葡萄而甘。

杨小翁、陈秀山夕来夜去。

十月初十日　怡儿病未轻，食冰，仍服西医药兼吸蒸气。午后痛剧，坐卧不安约两刻许。

小舫叔宴客呼余陪，辞不可，托小坪叔来守怡病。

晚，怡病少减。

子均来，日或两次、三次。

十月十一日　怡儿下大便甚多，黑且稠，病始渐轻。

刘葆良来，订十三日清水君往学堂写真。

留秀山宿。

智怡喉痛大减

十月十二日　怡儿因得秀山夜伴，一切适意。又因昨日饮豆汁，夜间汗出甚透，朝觉喉痛大减，可以起坐。

午后杨小翁来。

陪清水君赴市买物。

秀山再宿。

十月十三日　怡病益退，余陪清水君赴澄衷学堂写真六纸，留早饭。

葆良以所撰文法书稿本及商务教科书目录见示。

访孙慕韩星使小坐。

张菊生即张元济

访穰卿并晤张菊生、恽孟乐、王寅伯。

晚同杨小坪天乐窝听书，又至五层楼观幻灯戏。

十月十四日　早到同和公、裕祥，午到本家公馆。又同两日友访阿多不遇。余又到名利栈答拜王寅伯，因闻伊过津时访余不遇也。

答拜张菊生，不遇。

十月十五

到吉益医院。

写信寄陈瀛洲及其同番诸津友，又震友、祥朱君

28,10,16

（字雪塘），又孙雁清，又孙实甫，又张星舫，又黎伯颜，又智崇。明日有邮便也。何蒙孙、杨小翁来，留便饭。午，曹润田来。

王寅伯招饮，辞之。

怡儿病既愈，而招商局船房舱不可得，闻之心躁。

十月十六日　同杨小翁访徐汉翁，九华楼便饭。饮食逾量，夜吐泻。

十月十七日　静卧一日。

是日，定妥协和船官舱二间，心少安。

十月十八日　终日雨，未出门。

十月十九日　午辞行，先至本家公馆，遂久坐，三时归寓。检行李运至轮船。复到王、孟二君处辞行。小舫叔宝丰楼招饮。晚九时上船。子均弟、王孟二君、陈秀山皆来船送行。

买办杨彭之冠英，香山人。

十月二十日　早同秀山、尤春元凡六人往醉白楼饭。

郑伯华来船，伊昨日自湖北来此，寓泰安栈。　离开上海

为秀山写信催尹澄兄画。

一时开船，七时睡。

六时过茶山，既曛暮无所观。

十月二十一日　早登楼观涛。

午后大副来收票。赴烟台者收去，赴津者换票。

夕风渐大，船动荡不安。

十月二十二日　九时后舟转成山角，风力太猛，船颠

簸殊甚。邻舱架上物皆坠地，船遂停泊。

午风益大，船虽停仍摇荡。

十月二十三日　七时船开，风浪甚巨，卧以忍之。一时一刻至烟台。

十月二十四日　是日，礼拜日，船不卸货。

十月二十五日　起货至夜方罢。

至大沽口　十月二十六日　夜三时开船，八时船忽大摇，眩晕不可忍，卧以持之。下午三时少定，夜十时至大沽口外。

午后复来人收票。晚，茶夫索酒资。

十月二十七日　未明，有接客小轮船，余因人太多且不辨色不肯随之行。已而又一艘，人言系海关邮船，不能抵塘沽码头，亦未肯坐，而大船竟不得进口。至夕，始有剥船来，旋因雨作停工，心殊焦躁。

抵塘沽　十月二十八日　八时雇渔舟一，九时半开，行二时抵塘沽码头协和船已前至。张伯翁、王兰第、约敏侄已候半日。饭毕，乘汽车归津。

30,4,7

# 甲辰第二次东游日记（光绪三十年甲辰，起四月初七日，止七月十一日）

四月初七日　六时起。 光绪三十年甲辰四月

陈立甫来言，因病已辞王少臣翼长之馆，行将南归。

沈绍乾来。陈侯兰及张君仲良先后来。陈秀山来。

客方去，闻“新裕”轮船明早四时开行，须今夕上船。

谢袁少保笺。

访周观察不遇，晤陈一甫，留教习姓名一笺，恳其转交。拜赵大令不遇。

午前归家。便道访子均不遇，晤陈君子琴。午后邓子辅来。子均来。李和轩来，和轩为少卿观察公子，此次拟同游东瀛。伯翁之及门诸君来送行。陈丽生来送行，蔚孙、墨卿来送行。

五时半晚食，六时半辞家人赴招商局码头。

同舟者伯苓、鉴塘、秀山、余与智钟，凡五人，合之

伯苓等人同舟前往

和轩为六人，合之冠五、季洪、幼云、子辅、仲良，为十一人。上舱不能容十一人，和轩改居大餐房，子辅借帐房为卧室，秀山席地焉。

送行者：荃士、子文、啸麟、丽生、莲溪、午晴、益孙、春江、小山、质夫昆仲、孟和、云安、冠如、幼臣，其他诸人不悉记，皆伯苓先生弟子也。日人送行者：藤井、佐竹、川本夫妇、井上、江藤。智惺侄十时乃归去。

江藤作介绍名简三：一上海，一长崎，一门司，皆三井联号也。

藤井托寄信三函：文部省实业局长真野文二，神户二ノ宫町二丁目畠山一郎样，京都同志社学校大塚素。

收信：周观察托调查数事。毛观察托约王稚虹。

四月初八日　早四时开船，十时半至塘沽。潮已退，候至五时半复开。六点半出口，八时前搁浅约一小时许，复畅行。

和轩来谈。同船有学校司收发书籍委员陈春溪衍昂。又"永立"号姜兑环洲，又聚源成周君月樵，新裕船买办徐润生吴县人。

过烟台

四月初九日　早十一时过烟台，夕六时后过成山头，八时入黑水洋。终日睡，晚与春溪大令闲谈。

四月初十日　早十一时出黑水洋。

夜，船摇荡，朝来益甚。因余等所居适当船尾也。卧至夕乃起，晚食粥，风浪少平。

与侯季鸿、陈幼云闲谈，十时睡。

30,4,11

四月十一日　五时起，船已入黄浦，六时后抵金利源码头。将行李点交长发栈，乘舢板至外洋泾桥，寓长发栈一百十一号。内外两楹，客十人犹有馀地。然外一楹暗不通光，且时有恶臭，因别无空室，将就用之。 船入黄浦

午后到四马路开明书店访荃士之令尊柳生先生不遇，晤钟君尧臣、江君紫祥，买书二册出。

命钟儿随秀山往虹口东洋公司邮船会社。余与柏兄至四马路西首胡家宅文明书局访董懋堂、俞仲还二君，投惠卿所寄函，茶话片刻出。将访培孙，乘车至小东门内，问路于晋泰茶店，步至大东门内北城趾育才书塾。培孙适他出，乃回寓。少顷，智钟亦归，言土曜日有船名“永生”者，开往长崎、神户、横滨。但如欲买二等票，须勿过今日乃佳。余遂偕伯翁、秀山率智钟再往。一日人能操英语，柏翁与之谈。伊言有美国人欲定二等舱，须明日午前商定，乃出。 行前准备

青莲阁食茶饼，坐一小时，步归。

和轩馈上席。

晚九人同出仲良先时他往，至宝善街买鞋，又步游四马路，九时半归。

四月十二日　先君忌日。

七时起。王柳翁、培孙、董懋堂先后来谈。柏兄、秀山、智钟复往会社，一、二等舱皆不可得，徒手归。乃议皆坐三等舱至长崎登陆。余复偕柏兄往，买票毕，两人至一品香饭。饭后至三井洋行访江藤所绍介之上仲君，意极 议坐三等舱至长崎

殷勤，约明晨来寓见访。

孟芹香之弟字棣如者来访。回寓小憩，乘车谒小舫叔，兼晤渔三弟。

访何蒙孙不遇。

到三第阁桥访心容，谈片刻，五时半回栈。

晚，赴柳翁约。同坐陈寿卿广文苏州人，为海如学友、夏颂来贻清，育才学监、龚子英杰，育才教习。夏、龚俱上海人、吴补笙超，札幌农科毕业、李和轩、张伯苓及余，凡客七人，又培孙与荃士之弟字绍良名徵善者亦侍坐，主客凡十人。

记事：心容欲仿它省倡立顺直公所，附义行于其中，托余代为募捐。

四月十三日　七时起，候上仲君不至。

蒙孙、渔珊来谈小舫叔之意，晚间召余至一品香便饭。

同和轩、伯苓二君往晤上仲君，为余等指示长崎赴东京之路，且许为介绍书致长崎外浦町上野屋。

同柏翁率钟儿参观文明小学校，校在楼上。学生分三

参观文明小学

班，男女并授。适有一斋教唱歌，最后一歌曰《何日醒》。

三人至宝丰楼便饭，饭后乘车至石榴堡，又易车过大

育才书塾

码头至大车门下车，至育才书塾。培孙导观各讲堂，两斋皆教英文，其一为历史之预备，黑板书“勾践何以能灭吴”云云。培孙又导至大南门内务本女学塾，见校长吴

30,4,13 务本女塾

畹九。培孙导观各讲堂。讲堂凡三，一为师范科，一为本科，一为预科。校长出女生成绩簿示客，师范科颇有优者。

出，过通前小学校，入观。即育才之预科也。听唱歌，亦有《何日醒》一曲，而以《体操歌》为尤佳。出，中道与培孙别。

到曹素功店买墨，李昇和店买笔，备东游时赠日友。

筱舫叔来栈。俞仲还来栈。

聚丰园赴筱叔召，同坐汤蜇仙、张素直、何蒙孙、吴昌硕、张让三、周金箴、渔珊、余及智钟，凡主客十人，十时归寓。

观同寓诸公检点行李，因明晨上船须绝早也。

写明信片寄约敏侄，两点钟始就寝。

四月十四日　五时起，六时后运行李至东洋公司码头永生船上三等舱。舱在船头，余与伯翁选择许久，择上层居七人，下层居三人。三人者，伯翁、和轩及余也。（坐三等舱上海出发）

来送行者：小舫叔、许久香同年鼎霖。

遇王惕斋，为引识华给仕名小春者。

上仲尚明君来船送行。

十时解缆。自午至夜，风浪平静。

四月十五日　微有风浪。晨食粥一盂。坚卧终日。晚，风少定。与张、李二公枕上谈。

四月十六日　早七时，至长崎港外。候医验病，十时后验讫，乃入口下检。（至长崎港）

候上野屋旅馆人不至，适上仲君所介绍之长屋平太郎君来船，遂随之下船，乘舢板登岸。

税关扣留纸烟

税关验行李，见纸烟扣留。

到外浦町上野屋暂息，午食、夕食俱丰盛。

电告崇儿言今夕乘汽车直赴东京。

六时半出客寓赴停车场，长屋君与俱。七时四十一分开车。

九州道之车无寝台、食堂，终夜不得睡。

四月十七日　四点半下车，七点十五分乘汽船渡海，八点半到下关。登山阳道汽车，同车有某亲王，长屋君避至二等舱。

早八时、夕五时入食堂用饭。

八时抵系崎。买寝台票六笺。各占一榻，衾褥燠厚，睡甚酣。四时醒，已至姬路矣。

山阳道车给仕片山君极勤谨。

到神户

四月十八日　六时到神户，下车登东海道车。又发电致崇儿言明早可到新桥。七时后开行，此车无食堂、寝台。日食辨当三次。夜假寐。

四月十九日　晴。寒暑表七十度。

至新桥仍寓贵临馆

至品川时，旷生偕崇、怡两儿来迎，遂登车同行，九时十五分到新桥。同乡及旧识来迎者甚多，不能遍谈，亦不能遍识也。仍往贵临馆寓焉，同乡及旧识随至贵临馆者二十馀人。傍午，次第别去，留者旷生、仲先、陆宾、子蔚。旷先为商定屋食之费，夜深乃同仲先去。

30,4,20

四月二十日　午后，同和宣往谒杨星垣公使，兼晤马参赞。十二时归。

午后，同和、柏二君率怡、钟两儿往宏文外塾见学监铃木龟寿君，导观讲堂、宿舍、食堂等处。答拜同乡诸君。往宏文外塾见学监

拜晤伊泽修二君，遇李君惠卿宁河人。

拜谢长屋平太郎君。

七时后归寓。

四月二十一日　四时起。志忞之夫人来拜。

五时赴新桥，六时开车赴横滨，迎“永生”船于港岸。兰、邓、侯、陈、张五君皆至。高野屋小憩。永乐园早饭。剃头。阅市。到停车场随二时四十分车回东京。四时前到新桥。博品馆买物数种。乘电车到伊藤伊吉家，崇、怡之居停主人也。见主人并其母、若妻。暮归。博物馆买物数种

晚，哲子、著芗、润甫、子蔚、文澜诸君来谈。仲先宿。哲子即扬度

四月二十二日　六时半起。鹭宾、伯渊来。

答拜同乡及旧识诸君，晤者卓冬、定之、程棣初、鹤山、冠五、幼云、季鸿、子辅、和甫、仲良、仲甫叔良之兄、宾四、作舟、棣生、著芗、季常、石门、海秋、星之张渤、孙小泉、乐书、畅九、稚虹、荃生、恭甫、仲先夫妇、曾夫人及石出之妻样。未遇者仲苏、鹭宾、哲子、伯芝、紫洲、振武学校诸君。答拜同乡及旧识

四月二十三日　五时半起。补日记。

同文局欲协力办编译印刷

吴止歧来访，致伊泽之意，泰东同文局欲协力办编译、印刷两事。余答以学校司，原有编译处、排印局，余到保定日极浅，未暇考求，姑俟异日察度情形再议，止歧乃去。

偕柏翁率崇儿冒雨访嘉纳君，十时至十一时嘉纳君乃至，谈约一小时。

到弘文外塾借地用饭。午后听三泽讲化学，赞廷译之。三时归寓。

伯芝来，约来日曜日清母亭例会。鹤山、陆宾来。睡甚早。

四月二十四日　听嘉纳君讲说。

雨止仍阴。

正金银行取汇款

率崇儿补拜中日友人。

先到日本桥区正金银行取汇款。银行之例，早九时开门，夕四时闭门。余等至时甫八时四十分，立候二十分乃入。入门左行有磬折形之长案，案上有阁如窗棂，装以玻片。隔两三尺则提起一格。司事立案之内，问答授受皆于此阁焉。是由崇至一格之外，棂上题字曰“外国送金系”，先以汇票交入，司事验讫，令崇署姓名、住址加小印，授以番号之铜牌，乃坐凳之上候之见。司事检册核兑，又一人来以图印连盖数次，乃送至左方之出纳课。彼处司事检纸币讫，呼某号进至缺口，授之乃出。

拜刘叙五子明不遇。

到公使馆访马拱辰不遇，将师范生川资千六百元交张

30,4,24

元博君允褒。方出门，则马公正归，又立谈数语而别。

拜止欺、润田、和田，俱不遇。晤白须勤君、平贺如恒君、山根正次君。路遇润田。

九段坂上明治轩早饭。

二时至大塚町弘文外塾，约柘、芸二公同至高等师范学校，听嘉纳君讲说建设小学校之大意，柘、芸二公笔记之。自二时半起，近五时乃止。 听嘉纳讲建设小学

嘉纳君约二十六日陪杨公使参观本校，并往弘文学院午饭。余言先与手岛君有成约，嘉纳君特电手岛君商改日期，复电云改于明日下午一时半。别嘉纳君出，遂归。

过会馆坐片刻，得见《大公报》，知唐叔襄中式。回寓晚饭。熊畅九、陈乐书来访。

饭后复至会馆听铃木君授音乐，志忞及智崇为译人。十时归。

夕失候杨公使、马参赞、祝砚溪。

收信：筱叔为杨公请恤事。张云搏谋官费出洋游学。智惺十五日信。儿妇、侄妇、侄女等信。王表侄女信。

四月二十五日　阴。

参观高等师范附属小学校、高等工业学校。

八时，偕伯翁率智怡到御茶水桥高等师范学校附属小学校。是日为弘文外塾直隶师范生及通学生参观之期，余先期请求嘉纳校长、铃木舍监随同参观，悉承见许。余到未久，铃木率诸生亦至。先随至甲班手工室，教授棚桥源太郎君演说小学校必设手工科之用意，而曹希仲腾芳译 参观小学

棚桥源演说小学必设手工科之用意

之。略言，一国财政之兴耗专视工业之盛衰，天产虽富而不讲工艺，专恃原料为输出之品，他国取而制造之，复以制造之品输入本国，则所伤实多矣。日本国民教育固发达矣，所谓“大和魂”、“武士道”者亦讲求不遗馀力矣，日露之战其明效也。唯工业未至于极盛，故战事不免于困难，故近日论者尤注意于工业。当幼小之时，即练习其心思手眼，使有能为良工之资地。先年，小学校中手工为随意科，近则改为必修科，外府县来京学手工教法者络绎不绝云。讲毕，又出学生所制木、竹、泥、纸、石膏等品示客。

第二时九时至十时入一教室，观教画图。以荻各一茎授诸生皆十二岁，约三十馀人，师于黑板先画其茎，又画其叶，诸生依次效为之。最后师以朱傅其上，先茎后叶，令诸生着色旁立着色标本一张。诸生画时，师历各生案前周视，为之改正及匀和颜料。着色讫，一一送至讲台上。

第三时观教寻常第一年生手工。师先取泥一块问诸生：“此何物?”诸生争对之。嗣授每生木板各一，嗣以瓮一，中贮手巾，每生授一巾，令生板上左偏。次授泥各一块，师先自抟一圆形，又抟镜饼形，诸生依次效为之。

第四时观教体操，又观教唱歌，唱歌声调绝佳。

十二时返寓手岛君电话至。

工业非高等不济事

饭后同赴高等工业学校，先见手岛校长，又校长代理坂田君谈论工业学校之配设。谓工业非高等不济事，职工徒弟诸学校虽善，然非附于高等工学之内，则其益不著

30,4,25

云云。

坂田君导观各室电气化学科、机械科、染科、图案科。

智怡云此学校凡九科，阅至四时才阅□科，乃辞出。遇稚虹，亦导引参观。五时归。

柘公、筑公来。胡、徐、刘、陈四公来，谈至九时去。

收信：澄甫致声甫及余函，周铭久致智怡函。

来客：夏爽夫、钱念慈、何仲书、胡、徐、两刘公、两陈公。

四月二十六日即阳历六月初九日　晴。高等师范。弘文学院。

六时半起。九时偕伯苓君赴大塚町高等师范学校，与嘉纳君谈片刻，杨公使九时四十五分至，马参赞、汪希澄参赞度、卢子铭参赞兼翻译永铭、彦明允随员兼浙江学生监督悳及公使之世兄雨三殿霖俱至。嘉纳君导观动、植、矿、理化、图画各讲堂、教室理化室之椅层累而上，初疑占地太广，实则不然。其容百人之室不过两丈耳。 参观高等师范学校

附属单级学校约学生六十馀人，分为三班，一班习字习字时师执朱笔周览，或改正或加圈，一班习乘法，一班习减法。

讲堂长椅之背有活板可起落，备听讲时钞录之用。其板甚狭，若作自修之用则恐不足也，于讲习所甚宜。

新发明化学原质一种 radium，暗室中窥镜见如水波纹，又如散金星。 radium 镭

动物室中置一机器，以肉和蜡机旋之，成极薄之片，便于考验也。

弘文外塾

十二时，嘉纳陪众客至弘文外塾牛込区西五轩三十四番。晤警视厅某君、教授兼学监岩波静弥君、教头三泽君。一时前入坐，主客凡十二人，西洋餐。

午后观各讲堂授课。湖北班讲地文，教师某，译者韩君永康。湖南班讲博物，教师铃木龟寿，译者任君。又，山东班讲算学，教员、译员未详姓名。三时辞出。同伯翁到会馆小憩并看《大公报》《太阳》《大陆》等报。

六时后归，伯颜偕。

钱念慈来，在蒋君室中，余就与谈。

程豹孙（与午坡同族）来谈农政，甚详。余观其著为《简说呈商部》。

芷桧来，小坐便去。

四月二十七日　阴晴半，热。

弘文外塾。小石川幼稚园。清华学校。同乡讲习所。

六时起，七时半到弘文外塾。本欲听讲心理学，至则大久保君因病不至，译员廉励卿。小坐即去。

小石川之幼稚园

柘、芹二公导观小石川山田千代所主之幼稚园。学生三十馀人，先合教唱歌，次分两班，两师分教谈话。看至九时半复返外塾，观今村君教体操，虽未十分整肃，诸君颇不懈弛。

与玉孙谈。

阅四月十五日《大公报》，喜熊继先、姚华、唐桂馨

30,4,27

皆中式。

在外塾饭，随学生一律，华制菜一盂，甚好。

听波多野讲教育学

午后晤波多野君，听讲教育学一小时，译员任筱山传榜，吴江人，正则豫备。讲训练之目的、训练与身体练习之关系、训练与教授之关系。本欲连听两时间，因不尽解，仅听一小时。

清华学校智崇讲课

与智崇到清华学校一看，是日系智崇讲几何之期也。清华分四学期，一年卒业。舍监为范补程绍洛，无锡，第一高等学校，学务为陈乐书榥，义乌，工科大学，庶务为王稚虹守善，上海，高等工业，会计为何锡侯燏时，诸暨，工科大学。课程则日文（西）、日语（关、熊）、英文（范稽）、数学（何、王）、代数（何）、几何（严）、物理、化学、三角、体操，凡十类。前一学期无代数，前两学期无理化，前三学期无三角，后两学期去数学，第四学期去几何。

与范君略谈，晤稽涤生镜，无锡，早稻田，西君。

到丰乐园，治馔甚迟，未及半饱，因崇儿讲习所六时有讲课，匆匆遂去。

观智崇讲诸等法，听讲者李紫洲景濂、程迪楚、孙小泉、李让溪、耿子和、李伟章邦灿。八时归。和田君已久候，谈约一小时别去。

来客：吉田清扬，言在天津识余，寓京桥区筑地明石町四十二番地、野间平造方。电话：新桥三三二三。

四月二十八日　附属小学校第二部。

参观一桥附属小学

六时起，写致约敏信。同伯公、崇儿、钟儿赴一桥附属小学校，棚桥君导引并陪话。第一时谈教科书事并以各年级选用单字表见示，一字常有数音，是三千不啻累万矣。寻常四年止单字五百，高等四年一千五百，中学止三千字耳。第二时观寻常二年授国语，师先呼一人书片假四

观摩小学国语教学

字于黑板讫，师将其下三字改书平假而空其首字，旋以粉笔红粉笔且书且解，众生皆注视之，乃“む”字也。又连书数次，众生乃各于纸上仿为之。师下讲台讲台长而仄周视，改正其结构之太差者。既毕，复令诸生连一る于“む”字之下，于是争举以对，或两字或三四字，师择其一二书诸板。授“た”字，又授“ぇ”字，教法大略同前。又闻诸生曰更欲习某字，多举“ゑ”字者，师又授“ゑ”，其结体不合者，师辄于板效其体，众生辄笑。有佳者，师则持以遍视他生。他生有跃跃欲试冀师之选及者悉至，振铃时皆散出。欢呼不禁，离席者少。女生列前，男生列后，休息时先整行列对师一鞠躬，然后开散。驰骋欢呼，各听其便。

游戏体操

第三时观游戏、体操，分学生两队人数维均，每队出一人以圈罩身，跳出复前行，又套一圈讫。绕旗而还本队植两旗为界，次一人复然。先毕者胜。

又一班列两队为两行，又立两人于前若队长。队中第一人举大圆球掷送第二人，以次递掷，最后一人返交队长，先者胜。

又法列队两阵，各伸其肘，以手相携。第一人穿第

30,4,28

一、二人肘下而入，复穿第二、三人肘下而出，又从三、四间入，又从四、五间出，以下仿此曲折往复如穿梭然，先者胜。棚桥云，此类游戏之式甚多。又云，此等游戏非但注重体育而已，实兼德智两育也。日本国语课，一、二年生每周十时间，三、四年生每周十三时间。棚桥云，西洋止七、八时间。又云，日本习字课每周四时，西洋止一时，盖文字之繁简难易不同也。故西洋得以其暇致力于理化诸科。

此等游戏非但注重体育实兼德智两育

第四时又谈至十二时辞出。

料理屋食鸡食牛，饭后还寓。伯颜以画报数册见借。起信草拟寄毛实君。鉴塘拟附政法速成科内学日语，是日改学生装。何仲书来谈。晚，曹润田、邢赞廷来。崇、怡皆宿此。

四月二十九日　阴雨。

高等师范附属小学校第二部，父兄恳话会。

六时起，怡儿为余梳发。

赴同乡会于清风亭，邢君演说讫，余略谈数语，伯苓君谈数语。至七时四十五分告辞，赴一桥附属小学校，观父兄恳话会。自八时至九时半各教室授课每课占时甚少，取其周遍，学生之父兄旁观之。九时半以后，集父兄于讲堂演说。十一时后各教员入教室，该室学生之父兄与教师谈话。余等九时一刻至时，授课将毕，但周览一过，有读书者，有教手工者，有演算者，有唱歌者，有游戏者。已乃入教员室略坐，晤本校主事小泉又一君，嘉纳君亦至。

小学父兄恳话会

入讲堂听小泉君演说。堂中分男女列坐，男子席在左，妇人席在右，约各数百人。小泉君执册于手，分条演说，精详令人叹服。崇儿以札记之另记。十一时后散，又过各教室门外一观，有席地者席地者止一室，有坐于椅者，有父兄与父兄接谈者，有一两人特与教员谈话者，有翻阅学生成绩者。嘉纳君言，此校学生之父兄大都有学问，否则有资本，其智识皆已开通，此会不过讨论约束子弟之法耳。若町村间学校，父兄椎鲁者多，恳话会时不特论教导子弟之法，乃并其父兄而教之也。伯苓云，彼乃适合于吾国情事也。

小泉演说精详令人叹服

十二时辞出，今用屋饭，乘车冒雨归。

于子极、蹇季常、何仲书、佘仲先、杨陆宾先后来，晚聚谈甚畅。

四月三十日　雨。

富士见幼稚园。政法速成科附设日语班。

赴富士见小学参观幼稚园

六时起。同和轩、伯苓、鉴塘、崇、钟两儿赴富士见小学校参观幼稚园并无介绍，入门投刺，保姆某君辄见许。学生百馀人前年日记载百五十人，此次未及细考，似不足百五十，分三级，级各一室。最幼者围一方矮桌席地而坐（姑名为三班），次幼者（姑名为二班）及最长者（姑名为头班），皆有椅矣。初入时见三班环几而坐，无所事事。二班亦无课程，惟头班方积木，有作宫室形者，有作他诸形者，而以水雷艇形为最多。少顷，二、三班出至运动场（室内场方广约三丈馀）。一师击洋琴，三人导学生环步

幼稚园之运动场

30,4,30

并作诸俯仰、举手、鼓掌式（学生有哭泣者）。又以巾蒙两生面，他生环作长圆，使相摸捉为乐。捉者或出圆外，保姆则趋曳之，众生亦以肘障之。两人毕，复易两人玩，毕则散圆队为长队。皆出室外，室外有秋千架，又有架悬一长形之网，以两人卧其中，足相抵。卧者以两手提网之两边，使之合拢，他生数人列两旁，以手推之，保姆亦助之。或有卧不稳及手提网未牢固者，保姆则诰诫指导之。此秋千之又一法也。约半时许，复入室，鸣琴以节其步骤，各归本舍。三班俱习折纸，第三班极极简易，以三角一张，使折其上角少许，令象山形。有折太多者，师云，须再少，如此则近船形矣师以手捉学生之指教之。头班则折方纸为三角，又叠为小方，其中颇有敏速者。课毕少息，进食。每人各将所携之盒器置案上，保姆各给茶杯一，又为之注水头班则选男女生各一人散杯，男散男，女散女者。预备停妥，师入坐，众生各向师为礼，即开楱取箸食之。虽最幼之一班亦略无声息，真可法也。观毕向主人礼谢即出，同至今川小路牛肉馆用饭。饭后，至劝业场买纸本、木尺及刀叉各物，到法政速成大学送鉴塘入学学日语（每日以二时为始）。观授课至三时许即出。是课附属于法政速成科，特为华人豫备入学而设。是日到者约四五十人，略嫌少纪律。

秋千玩法

折纸

到会馆看书、看报，买书二种（《癸卯旅行记》、《初等伦理教科书》），六时归。

晚李让溪临城、张体仁仲山，清苑同张仲良、陈幼云、邓子辅来谈，八时半去。

九时睡看《丛报》，中载日俄战纪，华文之纪此次战事者，莫详于此。

五月初一日　午正大雨雹。晚晴。

高等工业学校。

六时起，同和轩、伯苓、陆宾及怡、钟两儿往工业学校。初入与手岛君谈片刻，手岛君导引参观，先观徒弟学校主事内海静君陪话并导观。有著蓝缘之衣，印飞白之字如港口、客栈迎客者之服。校长云，皆工人子也。第一教室第一年级五十馀人，教算法加减。第二教室第二年级亦五十馀人，习小数。第三教室第三年级不足十人，习图画。图画分建筑、器械两门，每门额止四五人以上皆在楼上。又楼下一教室亦第三年级，教力学师于板上列表。

徒弟学校

又至徒弟学校之实修工场，分金、土、木工。金工场中有锉烙铁者，有于巨方铁之上试物之平不平者，有以锤锤铜勺令圆者一年生，有打铁者，有翻沙者。木工场有试验轴机吾国名旋床，有试穿榫机者，有试锯木机者，有试缕边线镜边等类之机者，人力与电气各半。别有建筑工场，亦徒弟为之，常为他人修建。渡河即高等工业之工场，阅机械科、电气机械科、窑业科。参观毕又与校长略谈，午炮后辞出。至食堂旁楼上制造品贩买所买绉布十三匹、酒杯十枚，皆本校所制也。

实修工场

高等工业岁费十二万，文部止发十万，其初年止二万。初年所收学生皆不足中学程度。

30,5,1

六人食西洋料理，饭后乘车至京桥丸善书社买手帐、铅笔等事。主人以硕笺索书姓名插册内。出，买眼镜。夕归。

铸生、芹香、芸生、赞廷、卓冬来谈。十一时睡。

五月初二日　阴。

附属小学校听讲教科书编纂法。晚赴工业学校讲话会。

听讲教科书编纂法

六时起，八时怡从到附属小学校听棚桥源太郎讲教科书编纂法。第一时、第二时讲日本自明治五年以后，随时设定教科书之沿革。第三时、第四时讲编历史、地理、理科三科教科书之法弘文外塾诸君皆有札记，译员吴希仲。十二时辞出，约胡、陈、华三君同往今用屋午饭。饭后回寓小睡片刻，李君子深宝资，湖北学生监督，广东候补道来访。吉田清扬来访。

晚同伯苓、泽畬两君及崇、怡往赴高等工业讲话会。是会每月一次，专为开通职工知识。文部大臣夫妇亦至焉。本校教授松浦和平讲运输法之发达。

幻灯演示

理科大学教授神保小虎讲日本之有用矿物，而以幻灯揭示之。又以蜗牛、金鱼等生物影壁上。最后以显微镜取影如蛋、蝇、蚊等类，观者皆鼓掌。十时后散，十一时回寓。

五月初三日　雨。午前后尤大。

六时起，呼理发师剃发。

答拜来访国人

率崇儿答拜吾国人之曾来见访者，晤任小山传榜、曹希仲腾方、钱念慈承志、何燮侯燏时、夏爽夫循垲、廉砺卿隅、祝砚溪惺元、范吉六鸿泰、钱介眉稻孙、青柳笃恒。

夕归，高泽畬、潘子欣、佘仲先来。

腹觉不快，早睡。

五月初四日　六时半起。腹痛止，唯气不舒畅。

祢君来笔谈，伊藤伊吉君来。青柳君来并馈酒。午前后大睡，三时食粥二盂。四时率怡儿往拜长冈子爵护美，谈二刻许，约阳历二十六日即华历五月十三便饭。

长冈子爵

答拜蒯若木不遇。夕归，体仍不适，早睡。

收信：毛实翁十一日信，附金三百元。约敏十九日信，附会试题名。

五月初五日　端阳。雨风，伯颜云东京多雨亦多风。

六时起。终日未出门。

邓君孝可、任君传榜来，命智崇陪话。

午后假寐片刻，食鲜果、鲜菜，少觉清爽。

玉孙、小庄、子玉、海门、希贤、志忞、仲先先后来。希贤述织绸机，又制罐诘机皆轻而易举。崇、怡俱宿此，明日休课也。

收信：敬韩沪上二十三日发，由川口七十番义昌新寄来。

露即俄国

五月初六日　七时起。燮侯、补程、伯渊先后来。偕伯渊、伯龄、鉴塘，率三子游上野，观日露鸭绿江之战油画。

青阳楼午饭，饭后游博物馆。余以昔年曾两至，不复

30,5,6

周览。但坐待而已。夕归。

泽畲来访不遇，留一小简，言本日即回大阪，再过十日便归鄂矣。晚得陆宾电话，知泽畲已于午后赴横滨。

玉孙诸君来访不遇。

工业学校化学教习平泽繁太郎君来访，怡儿陪译，谈约一小时。平泽君曾发明制一药之法，较德国配制旧法简易百倍，而功用无殊，已得政府特许专卖矣。平泽君论学工业必须征诸实用又能以学理施之实行，否则与职工何异！ 工业学校化学教习来访

眼镜商关谷氏之社员某持眼镜、印章等事来，选择许久。

李和宣兄今日迁往望远馆。

五月初七日　雨。到文部省。

七时起。十时同伯翁、智崇往文部省，先见文部大臣久保田君，又因大臣介绍见参事官松井顺吉君，时已近午，不及参观，约定明日下午一时往。遂出回寓。 文部省见文部大臣

午后伯颜畅谈立法、行政、司法三权之不可不分。

江翊云庸来谈，福建人，而生长于四川，入早稻田师范科，四川官费生也。新推会馆干事，年二十六。

邓和甫来，小坐便去。

晚，周荃生培炳来谈。周，华亭人，生长于静海，八岁始南归，学于育材书塾二年馀，二十七年三月来东京豫备日语，数月入高等工业学校，今将卒业矣。年甫二十一

学制笺。

代毛观察劝王稚虹往津考查

王稚虹来谈，余代毛观察竭力劝驾。稚虹言昨已函复唐执夫，略论工艺局办法宜仿日本商工局之例，附工场于其中。余言天津事虽草创而基址已具。工艺学堂即高等工校之具体，工艺总局即商工局之具体，劝工场即商品陈列矣，教养局即染织场也。君即不欲为教员乎，试一为之经始，或改良，或扩充，均可任便。稚虹又言，游历官有江西黄君者，曾在上海制造局，与毛公同乡且旧识也。顷奉广东派来考查工艺并以岑公命，坚约稚虹赴粤开办工场。又，广西有石油产，此稚虹专门之学也。故欲藉此一考查之，意在粤而不在津也。余谓纵意不在津无妨，先迂道一行，为之组织经营，但令略具规模亦聊胜于茫无端绪。稚虹言，明日晤黄君先试商之，九时半去。

夜与智崇久谈，（谈及）乞儿上野，警察怒嗔人力车浅草，盗取木屐，新闻诬陷鲣节商，号外虚诬《商工新报》，烟窟贵临馆。

五月初八日　阴。

文部省听松本谈话

参观女子职业学校。文部省听松本君谈话。

七时起。手岛君曾为介绍共立女子职业学校，约今日午前往观。晨属崇儿电话询之，果已相待。

往观女子职业学校

八时同伯苓兄、智崇同往。此校始设于丙戌之岁。发起人凡四：服部一三、永井久一郎、宫川保全，其一即手岛君也。服部、手岛君先后为校长，今校长仍为手岛，而宫川则校长补也。

女子职业学校课程

分甲乙二科，职业则裁缝、编物、刺绣、造花、图画，凡五科。甲科生限二科，乙科选一科。

30,5,8

甲乙科之外又置补习科与割烹科。以上为术科。术科之外有学科，其目五：曰修身，曰国语，曰算术，曰家事，曰理科。兼修术科、学科者为本科生，仅习术科者为选科生。甲科生收十二龄以上，高等小学二年卒业者，乙科生收十五龄以上，曾受国民义务教育者。其修业年限，甲科三年，乙科二年。学期自四月至翌年三月为一学年云。余等初至，一老者导观楼之上下。刺绣、造花、图画画室一教师画狗，三科皆仅见一处，裁缝室则屡见。导者云，裁缝居大多数，以全部论之，殆不止四分之三。校生七百馀暹罗人附学，寄宿者七十馀人（授业料，甲科每年二十一元馀，乙科每年十五元馀，寄宿料月六元五十钱）。最后入割烹室，一伛偻老人坐而讲话，诸生环听之。旋起立，诸生各就所派定之位（黑板书：锅某某、洗某某、立某某、盘某某）。老人置菹于俎，教切断之法，诸生先后仿效为之。观片刻遂出。宫川君陪话，观诸生成绩。造花、刺绣皆绝工。十时馀辞出。

术科之外有学科

买书未谐。

今用屋午饭。饭后诣文部松本参事官，论文部建设之大制。崇儿口译，余以笔记之另记。三时半辞出，因崇儿今日四时须到清华学校也。余往公使馆晤公使，谈片刻。又与马参赞谈弘文外塾诸君编讲义及卒业后回国日期事，又谈自费生择改官费事。五时回寓。

文部建设大制

到公馆阅报，津、沪报皆不至。有所谓《公益报》者，阅之至竟，时事殊不甚详。阅钱夫人《旅行记》。

晚朱一清、李和宣同来。

五月初九日　薄阴偶晴。

附属小学校听讲教科书编纂法。

工业学校再参观。

六时起。同和宣、仲苏、伯龄、智崇到附属小学校听佐佐木君讲教科书编纂法、修身书编纂法一、诸方案，二、略，三、日本于修身书编纂史，四、教授时数、读本编纂法一、欧米读本材料变迁史，二、日本读本材料变迁史，三、读本教材选择上标准、习字帖编纂法一、字式之大小，二、教授时数、算学、唱歌之时间。十时半讲毕。

听讲教科书编纂法

欧米即欧美

和宣别去，余四人乘电车至浅草，饭于西洋料理屋。饭后到高等工业学校，因仲苏将入此校，欲先一览其规模也。观应用化学、电气化学、机械科诸室，馀未遍及。三时出，仲苏别去，余三人到教育品制造社。伯龄试所订购之仪器。六时后归寓。仲先、志忞、陆宾皆前至。

高科工业学校参观

晚听伯翁讲英文文法。十时睡。

外塾代铃木君同往者松林孝纯投刺焉。

东京市浅草区七轩町二番地教育品制造合名会社中村胜太郎电话：下谷千八百十番。

收信：清水君。

五月初十日　阴晴半。

参观早稻田大学。文部省听讲。

八时半同伯苓先生、智崇赴早稻田大学。青柳君迎于门，高田博士陪话。以大学规则、大学讲义录、大学第二

早稻田大学参观

30,5,10

十一回报告见赠，导观大学之讲堂及各教室。又至高等豫科，科长田原荣导观。豫科中以商科为最多，是日适值试验，田原君取一题纸予余。题凡三：第一问作二十五点，第二问作三十五点，第三问未注点数，盖以和文译英文。诸生执笔构思，有教师两三人立监之。历数室皆然，盖习商科者不下五六百人云。

摘录大学规则：

本校所授者，政治学、法律学、商业学、哲学、英文学、史学、地理学、国语汉文学及外国语学。 大学规则

本校分大学部、专门部、高等师范部、高等豫科四种。

大学部置政治经济学科、法学科、文学科、商科四科。

专门部置政治经济科、法律科二科。

高等师范部置国语汉文科、历史地理科、法律经济科、英语科四科。

今年人数：

大学部：三百八十名。专门部：一千百名。高等师范部：百五十名。高等豫科：二千八百名。合之英语、政治科、文学科等，都四千五名之谱。

高田君导观图书馆，余前年来时此馆方始兴工，今轮奂一新矣。青柳君云，凡图书馆建筑法皆同，自外一望而知。

馆长市岛谦吉通一刺。

馆中借书还书处与银行出纳之式略同。

楼三重，有升降机以钩取书籍。

高田、青柳二氏导至大隈伯邸。伯出见，谈教育事及维新前日本女学之大略，约一小时辞出。

听讲文部各员职掌府县规制

会芳楼午饭，饭后诣松本参事，听讲叙文部各员之职掌、各府县市郡町村之规制。四时半辞出，到弘文外塾小坐。六时归。卓冬、陆宾、稚虹来。稚虹属函致毛公，申不愿为教员及广东委员黄君固邀赴粤两意。

晚到会馆一看吾国新闻，知璞尔生所办电话将购回自办，以日本吉田氏某为电话参赞。又知罗顺兄已奏补邢台，皆近事之可喜者。然顺公赴任则师范学堂难得替人，又可忧也。

发信：致泽畲、致雁清、致新桥。

收信：关谷眼镜商。

五月十一日　小雨。午晴。

文部省第三次听讲。

七时起，九时至文部省听松本参事讲小学校之大略及征税法兼说年龄户籍，十二时辞出。

今用午饭，饭后回寓。大睡至五时，眼镜商至。旷生来。

参观女子大学

五月十二日　七时起。伯苓君、智怡同参观女子大学，大隈伯所介绍也。校长成濑仁藏君陪话片刻，赠本校规则、本校一览、本校学报，人各一本。庶务八木兼夫君导观各讲室及寮舍。学科分预科、本科、研究科。预科分

30,5,12

普通预科、英语预科。本科分家政部、文学部、教育部、体育部、美术部、音乐部、理科部，其各部中又分选修科目、必修科目，修业年限以三年为期。附设高等女学校，其科目分修身、国语、外国语、历史、地理、数学、理科、家事、裁缝、图画、音乐、体操，其修业年限则五年云，现今在大学者三百六十四人。在英文预科者四十五人，在高等学校者三百九十八人，合计凡八百零七云。十时辞出。因午后须赴高等师范学校音乐会，故先到弘文外塾小憩。听大久保介寿君讲学校管理法，论用赏用罚之宜。

借外塾地用饭。午后赴师范学校，二时开会。有独奏，有合奏，有独唱，有合唱。有来宾二人，一吹尺八，一奏洋琴德妇。最后台上台下齐唱“君の代”，毕乃散。 师范学校音乐会

赴伊泽君约，同坐吴止欺、李惠卿。伊泽君述维新之初改正调查音乐事甚详。九时归。旷生、仲先、陆宾、志忞均在，旷生宿。（增王字母之数列为表。印刷师拟赴直隶。）

收信：罗顺循、陶杏南、魏梯云、约敏侄。

来客：失候和田君、依田君、蒯若木君。

五月十三日　晴，天气最佳。

四时闻楼下台湾人郭君捉贼号呼声，下楼视之。纷扰许久，遂不睡。 楼下捉贼号呼声

青柳君偕早稻田大学汉文讲师牧野谦次郎牛込区矢来町三番地旧殿四十一号来访。旷生传译。牧野君又索纸笔论

中国编历史教科书之法，其汉文颇条畅。

弘文外塾之天津十君子先后来谈，留午饭，饭后先后去。余假寐一小时，率智怡赴长冈子爵之约。同坐根津一、吉田清扬。先导观其庭院、泉石、花木，然后入坐。肴馔和华兼採。席间，长冈君屡起取旧藏中国人所书扇幅见示，又以自著《云海诗钞》及《南清游草》见赠。八时后归。

赴长冈子爵之约

五月十四日　晴热。

四时半起，补写日记，补写寄毛观察函，写寄荃士函。

参观附属小学

八时半同旷生、伯龄两君参观附属小学校。棚桥君陪话片刻，导观寻常第一年教室。师教算学，画人形九，令诸生数之，又令数其头，又令画图（编者按：原图为一手绘三角形圈图）九行，自一至九。众画讫，师又于板画之，而随时请问，随时解释。已，又扩画为九段焉。棚桥君云，前周间数至八数，此周乃自九起，盖寻常一年生止教至二十而止。闻铃声出，少顷复入此室，观教国语。板上悬一图画，荷物及荷车。师先解荷车之用。许久，令一生登台书“クルマ”三字，师亦自书此三字。问诸生曰，荷车与クルマ不同也，应如何加字？一生曰，ク上写一二字。师又问二字如何写法，又命一生于板书之，已而师乃自书之。又曰，グ非ク也，何以别之？一生曰，应加“ゝ”，师则于板加之。又问曰，但云ニクルマ，此不成词也，试与人言应如何说法？一生曰，ニグルマガアリマ

观教国语

30,5,14

ス。师又令诸生数之，共为几字？众生则一一数之，其数为九，恰与所教算数相应。数毕令各书于石板，师又于黑板书之，为正其行列乃毕。

寻常一年生早课已毕八时至十时半止，乃入观第二年生室。观教习字者临平假名六字，先令以指画其点画，初一一画之，后两两画之。画毕，令临写两纸师周视偶指其误处。两纸毕，复临写一纸，此纸为呈师评判者。写毕，师入坐，依次呼番号收之。观毕小坐，又观此级体操。分全班为两队，以布带为环，每班出一人角力。负，此队再出一人。凡连胜三人者为优等，已得优等即退，所以节其力也。每当角力时，师立于其中，以手搁其环呼"一二三"，至三字则用力，师欢呼以助之。两班中其他各生亦欢呼跳跃以助之。至末总计，两班恰均平，无胜负，乃整齐行列为礼而退。 观教习字

今用午饭，余体又不适。

松本君本约定今午续讲，余倦惫恐不能支，命怡儿往知照改期。归寓大睡至夕六时。晚八时后复睡达旦。

收信：大阪石塚猪男君，附前年李子香托购书之清单。根津一君，附对俄主战策及汉文《日俄时局辑录》。

发信：毛实君、王荃士。

五月十五日　晴

根津昨日云梅雨将阑，可望久晴，至秋则又将多雨。

第二回参观附属小学校，第四次文部听讲。

六时起。写日记后剃发。九时后同张、高二君智怡从

附属小学观摩教学

往观附属小学校。时第一年室课已毕，仍观寻常第二年室。教员水户君教（观察），黑板上书片假名三行：（一）カミ，（二）フテ，（三）スズリ。师先告诸生曰：今日讲此三物。乃取纸两张，先举一纸以问。诸生曰：此乃纸。争举手，乃择一人问之，对曰：ハンシ。又问彼纸，一人曰，ワラバンシ。师曰：然。师乃书此两名于カシ一行。之后又问曰：此两种质孰坚？一人对，ハンシ坚。师以ハンシ碎撕之，皆成直条，又以ワラバンシ撕之，则斜下极易断，众生皆欢笑。师乃曰：此易断者，质不坚之故也。又问：ハンシ系何物制造？诸生不能对，师书于板曰コーズ。又取笔一枝（笔带宿朱），执问诸生何名？对无讹。问管系何物？曰：竹。笔头何物？曰：毛。毛与管何以相粘附？诸生不能对，师乃用力拔之，笔头顿落，众生大笑。师曰：诸生所用笔常有脱落其毫者，盖用力太猛之过也。乃拈举其管，指其中曰，此中色黑而黏如糨者，何物？或对曰胶，曰是也。有胶粘之，故不脱。又问：毛何以成为笔头？或对曰，线缠之，师曰是也。师乃讲画其制笔之法。最后破其毫，朱纷纷下。朱与毫散落于地而止，众生又笑。师曰诸生自用之笔勿效吾也。已，又画一提笔之形，讲大字用大笔，小字用小笔，小字指执，大字掌握。又取一砚问诸生，此何名？用何物制成？蓄水处为何名？对毕，又问：砚何为不用木制，金制？对或然或否。师解之曰：石坚于木，可耐久。不用金者，石价廉于金也。因讲砚价几何，最后又取所讲之两色纸问曰：ハンシ

水户教学生动情形

30,5,15

价几何？或对曰：三钱二十枚。ワラバンシ几何？曰：一钱五。曰：彼贵于此几何？曰：一钱五。盖又借此温算法一次，即知此教授联络之法与学级担任之妙。然得师甚不易也。棚桥君云，水户君最以善教名。又寻常第四年室，教师亦良师也。 水户最以善教名

小息片刻复入观。适课作文，诸生皆以假名书红格之纸，或数行，或十数行。良久，师曰：未毕者携归自补之。闻系前日所作今日补钞之也。

入高等某室，方讲日本历史，以无意味乃出。于庭中观体操，先兵式，次游戏。游戏之法，一人捉得一人则手相携，再捉一人又相携联之，在左右两端者又捉之，捉得则续。顷刻间联为一长排，师亦联入其中焉。至馀一二人遂止。

十二时出，饭于今用。今用去附属小学校极近，和洋餐皆备，故每午食往焉。

午后二时就松本君听讲，仍讲小学校学龄就学及科目时间，教科书等类，约两小时许。 小学学龄就学等

五时归寓。晚饭后到会馆听音乐。九时前归。

季常夕来，棣生晚来，棣生将回泰州。

五月十六日　晴热。

第三次参观附属小学校。

六时起。八时同高、张二君往附属小学校观寻常第二年室。水户教国语。先书一“日”，令诸生连摹三字。又书一“大”字，问“大”字何音，或对曰“オホ”。又 附属小学观教国语

问更有何音？或对曰“ダイ”。问有读“タイ”者乎？曰，有。读“ダイ”者何字？有曰“大学”者，“大将”者及某字某字者。又问读“クイ”者字，曰“大砲”某某字。旋又书一“太”字，师曰如“太郎”、“太□”等字用此。旋又执粉笔故作柔声：“此字有人识之否？”则闻学生皆举手呼“先生”，似言其已知者，盖师方书一“犬”字也。又为之解“大”“太”“犬”三字字形之别。已，又讲于“大”字上拭去一横，且改其撇令稍直作一“人”字，又于其旁作一“入”字，令诸生判别其异同。既毕，乃书假名数字令诸生添缀成句。师又为改之，又为解释之。最后令读前日所授读本，佳者赞之。一生音低，师令稍扬。又音讹，师就其坐位之前口授而指画之，卒不能适合，师亦不再强之，但命众人同声读一通而止。小憩，与棚桥君略谈。

一年室教国语

观寻常一年室教国语。师于板画鼓形问诸生，两端蒙何物？腰为何物？鼓之中有物否？鼓中若实以物有何妨碍？鼓以何物击之？召一生画鼓棰于板，然后师书“タイコ”三字，“タイ”两字系熟字，“コ”乃生字也。问诸生“コ”与“ロ”之异同，师故斜书一“コ”字形，令一生执红粉改正之。旋拭去板上之字，命诸生各掩卷背书“タイコガアリマス”。又令一人读之，又令同声读之。旋又讲论其字形，书一“匚”，问诸生与“コ”何别？已，又令读“タイコアリマス”。又于板为正其行列，先作一行列不合者，复作一行列适合者，令诸生判别

30,5,16

其孰是。已，又令同声读之，如是课乃止。

观寻常三年室教国语。板上挂人体骨架一具，师讲人骨生成之原由亦时抽问诸生，诸生所对或近理或不近理。言饮食不宜偏主一类，不运动则体佝屈等理。

观高等各女生舞蹈。往来变换节之音乐，真运动之妙法。旷生大感动至泣下，盖为吾国女子悲也。人数不足，男师女师足成之。 观女生舞蹈而泣下

十二时出，仍饭于今用屋。午后随伯翁买书。夕归。

夏用卿率一侄十四两子十三、十一来留学，寓山崎馆，来访。和田来访。润甫、旷生宿。

五月十七日　晴热。

第四次参观小学校，第五次文部省听讲。

六时半起，八时半同伯苓、鉴塘、智钟往附属小学校，观第一部寻常一年室。一生立台上演讲，适无课，人不知所言云何，立听片刻，已届休息之时。乃顷，佐佐木君言，此学生习谈话也。学生例有学艺会，于每学期之末行，今将届期，故须练习也。

又观第二部寻常第一年室，相岛君教算法，教九之加减乘除。先画梨九枚于板，令一生登台用笔界为三段，又令三三数之，又令两两数之，问其有馀无馀？所馀有几？又分为七与二，又分为六与三，又分为五与四，又分为四与五，如此递分。最后书“9”字示之，先写一次大者，写一极大者，学生大笑乐。旋又写一极小者，学生愈乐不可支。师令诸生以指画空效为之，又令诸生同声自一数至 附属小学观教算法

九时令起立，以提精神，数毕休息。

小憩，仍观第二部第一年生，水户君来教手工。先散丸泥如前次参观时所见，散讫令诸生随意制形。所见有作果形者、碗形者、水雷艇形者。师各授方纸一块，其上预书各生姓名，制毕者置纸上，师一一收之。

听唱歌

入唱歌室中听唱歌，每五人一排登台上，正立唱之。五人毕，又易五人，如是者四五次。最后又同唱，或全班或全班之半，或坐或立，约四十馀分时间，铃声乃止。

图画教学

棚桥君导入一室，乃高等三、四年合教者一部无三、四年，此为二部无疑，师教图画。黑板上画石菖蒲花一本，叶一茎，诸生皆临模之，并填颜色。师循视各生之案前，或为之改正烘染，或于砚池调制之，画毕各署名笺尾。棚桥君言，师先取花一枝，照画于板，然后令各生临之，所谓写生也。德国教图画主写生。

文部省听讲建筑等

十二时出，今用午饭。往文部省听松本君讲学校建筑及教员检定，约两小时许。

往山崎馆答拜夏用卿叔侄，谈片刻。又至黎仲苏室，立谈片刻，归。为棣生及馆主人书扇。

收信：手岛君约观卒业式阳历初八。

来客：失候沈幼沂、刘筑生昆仲。

五月十八日　晴。

第六次文部省听讲

第六次文部省听讲。

七时起，九时偕伯翁率怡儿赴文部省听松本君讲仍讲教员诸事宜。十二时毕。富士见轩午饭，饭后访皙子，遇

30,5,18

于途。答拜沈君幼沂，亦遇于途。随之至法政速成科之日本语教室，听三矢君教日语约一小时。归途访和宣不遇。劝工场买用品，夕回寓。是日来访者胡玉孙、刘卓冬、王嶧山桐龄，任丘人，第一高等学校。

五月十九日　第五次参观附属小学校。

七时半起。何锡侯来。九时同伯翁、怡儿到附属小学校，观第二部寻常第二年生习字两生司注砚水。黑板上预悬长方油纸一张画十字线界全纸为四，又钉长方白纸一张。师又以粉笔画板式如下たせくん，师曰“せんたく”者，洗濯也。前不曾教洗濯、唱歌乎。又以黑笔更书此四字于所键白纸上，每书一字辄回顾有所告诫，或下讲台周视击讦事亦间有之，师不甚着意。四字书讫，又于纸尾作小字示题姓名式题名纸尾书二部某生，“部”字不能书以“ぶ”代。乃下讲台执朱笔择佳者加圈。一生呼师令视已作，师就视之，亦勉加一圈。已，乃择一最佳者携至台前举示众生曰，此结构甚佳，但画稍臃肿耳。又问众人曰，佳否？对曰，佳。乃呼其人还之。乃于油纸上状其字体之偏侧或长或短不合度者，又别作一合度者正之。又另键一白纸再书此四字，且书且讲解之，令诸生各再临写一纸。又周视加圈，此度加圈益从宽，有因得圈多而举以夸于人者。沈幼沂之女公子世芬纸尾所署之小字特工，师举以昭示众人。人已各临书两纸，复命自书一纸，随书随圈，间或代书一朱字，令自描之。三张写毕即放学休息。与水户君教法敛三纸之一置讲台以待评判者微有不同。

附属小学观习字

得圈多而举以夸人

第一部高等一年生习字字体较小，学生自临范本，恒自涂抹改正之。

入唱歌室听片刻。

佐佐木君导观博物室及历史、地理诸图藏图之柜其制极佳，图插方格内，仅露其端题字，一检可得。十一时辞出回贵临馆，因怡儿午后须往会馆也。

午后本欲出门买图画、标本，以客至而止。检理书物等件。仲先、伯颜、旷生先后来谈。

来客：李宾士、何锡侯。

收信：华石甫、孟芹香五月初二。

五月二十日　薄阴。热减。

六时半起，补写日记。蒋观云、钱念慈、何燮侯、佘仲先、蒋伯器、刘筑生、芸生将往撮影，来会旷生于此。念慈诸君皆观云之弟子，伯器则观云之哲嗣也。

和田所绍介之山中米次君来访，旷生传译。其人年二十一，幼年学校已卒业而不愿入陆军，志欲游吾国，谋一寄宿所。

洪铸生、梁著芗来。

公使招饮同席诸人

杨公使招饮。同席：湖北候补知府周崧甫以翰，江西乙酉拔贡，癸巳举人，曾在正红旗官学充教习、邓芷溪沆，湖南永兴人、罗荇农庆旨、四川营山人、陈君蕲水、惠君、汉君，未通刺，皆湖北派遣之游历官也。别一席有熊孟胪应龙，浏阳、李余清薁，桂阳、李佛翼祥霖，湖北候补道、湘阴、夏孝斋绍范，衡阳、胡绥之玉缙，元和、李和宣庆恩，原约十

30,5,20

一时入坐，至午后一时客犹未全，至三时席散。归寓。

（眉记：杨公使言，当光绪初年时，日本诸务未兴，艰难之状同于我国今日。以外国银洋一元可易日纸币一元八角，纸币不通行，即银圆亦不信用。爰以十二万元赂汇丰，其收用后乃逐渐流通。） 杨公使言录在书眉

晚约伊泽君饮于富士见轩，伯龄、柘浦两先生、旷生君陪，智怡随往。六时入席，九时散。伊泽君研究中国语，以王字母列为表，与同席诸君一一证之。与伯龄、旷生两君谈，十一时半乃睡。

来客：蒋观云、伯器、钱念慈、佘仲先、高旷生、刘筑生、刘云生、梁著芗、洪铸生、陈柘叔、周崧甫。

五月二十一日　晴

参观附属小学校第三部。第七次听松本君讲学制。

六时起，八时半同伯苓、智怡赴大塚町高等师范学校附属小学校第三部，先投刺于大桥铜造君寓牛込区津久户前町十五番地，君导观高等单级室，适值作文。室内凡分三班，每班一题。大桥君执一卷见示，题为《世界万事塞翁の驹》。又其他诸卷多书“秦始皇筑长城”语，大约题中语也。惜所书假名太多，不能晓其文义。立片刻，大桥君又导至寻常单级室，方授国语。师颀而淑髭、精神活泼。（眉记：初画一笋于板之下端，令一生登台较其身与笋高下，得适平，又一生较之低于笋二寸，此生乃对彼生曰，我低于汝二寸也。盖亦读本中语，寄算法于国语也。）始与诸生相问对，又选某某登台上对谈，旋择诸生 大塚町高等师范附小第三部

国语教学情境模拟角色扮演

数人令效书中情事。一生肖醉人，又一生肖警察立讲台上，又两生作为父子问答，指醉人而言饮酒之害，诸生皆乐不可支。此一班之课也。又一女生肖瞽人扶杖行，一男生肖顽童夺其杖，掷诸地而逸，又两女子进前作扶掖状导之行，至一女生之前，似若送还其家者然，瞽者致谢乃毕。此又一班之课也。师旋又曰，适才学警察者语乃模胡不易晓，盍再试之。此生复登台，一生立其上，问答一通，声渐清澈矣，乃止。此室合四年生计之凡百馀人，而座位仅可容六十馀人，余等参观之时乃二年至四年生，其一年生大约在外游息，此三班教毕退出，彼一年生乃入有女挟带圆孔之木板按排启其几之上盖，纳板于其中，因彼三班尚有书物未携去者，以此板界之。板之下为旧班之物，板之上为后至者之物也。据松本君云，此名二部教室旧名半日学校，今改。后观高等室四年，皆习图画（执花一枝写生）。二年至三年生听讲理科，题为《夏の水边》，盖讲动物也。且讲且画且肖其状，诸生皆谛听不倦，惜余不全解也。

十一时辞出，会芳楼午饭。饭后至尚美堂阅标本、诸图，索其目录以归。

文部省听讲

到文部省听松本君讲幼稚园、盲哑学校及类似诸小学校之大略，又讲半日学校及二部教室之大略。松本君今日有小疾，以电话致贵临馆欲止余等勿往，而余等适不在，不之知也。余等既到，松本君遂隐其前事，勉为余等演讲两小时。讲毕乃直告之，日人之肫挚，真可感也。

四时归寓。晚，曹润田来谈。

30,5,21

收信：罗顺循大令五月七日，保定，尹澄甫兄四月十五，约敏侄五月七日。

发信：石塚猪男藏

五月二十二日　晴

六时起，七时四十五分同张、高二君往观附属小学校第一、二部高等科谈话会，即佐佐木君所谓学艺会也。棚桥君赠顺序表一纸，其所列如下：　附属小学高等科谈话会

一、职员生徒入场

二、开会ノ辞（案，此棚桥君演说）

三、唱歌（我国兵士）一ノ高一全体（一ノ高一全体者，第一部高等一年生全班也，下仿此）

四、谈话ノ高一二人（一人毕又一人，下仿此）

五、读本朗读二ノ高一一人

六、同上一ノ高二二人

七、谈话一ノ高二二人

八、读本朗读二ノ高三一人

九、同上二ノ高四一人

十、教师谈话（十分），后藤、堀田一论吸烟之无益，引日本古人语；一论读本读法

十一、唱歌（箱根八里）二ノ高一、二全体旷生极赞此歌之声调

十二、读本朗读一ノ高一一人

附属小学高等科谈话会情形　十三、作文朗读二ノ高一一人

十四、同上二ノ高二一人

十五、教师批评：阿知波批评诸生顷间诸艺之优劣，大抵奖语为多

十六、唱歌（故乡空）一ノ高二全体

十七、谈话二ノ高三二人

十八、同上二ノ高一二人

十九、同上二ノ高四二人

二十、教师谈话（十分）江藤、儿崎各说一故事。一言一人挟重资约二千元深山遇盗被救，初欲析其半以酹之，渐行渐吝，乃损至二十五元。一言子久客归，其母不肯留宿

二十一、休憩（茶果ヲ给ス）约十馀分

二十二、唱歌（甲——《学友》，乙——《飞小鸟》二高三、四全体）

二十三、英语对话一ノ高二五人作路遇交谈状

二十四、英文朗读一ノ高一一人美国人

二十五、同上二ノ高三一人

二十六、同上二ノ高四一人

二十七、英文会话二ノ，高二二人有四女生，其二坐而织物，其二人来访谈话，不记在第几次。似是高等四年，然四年而四人者表中所无，盖人数有时增减无从追忆也

二十八、唱歌（《航海》）一ノ高一五人

二十九、作文朗读二ノ，高一一人

三十、同上一ノ高二一人

三十一、谈话二ノ高二一人

三十二、同上二ノ高二一人

三十三、唱歌（《富国强兵》）一ノ高二五人

30,5,22

三十四、作文朗读二ノ高三一人

三十五、同上二ノ高四一人

三十六、读本朗读一ノ高二人

三十七、教师批评，江藤

三十八、唱歌（《金刚石》）

三十九、闭会之辞佐佐木

四十、一同敬礼

四十一、职员生徒顺序退散

今用午饭，饭后到文部听松本君讲实业学校之概略。未毕，而普通局长泽柳君请余相见，乃辍讲。泽柳君执吾国最新奏定章程一册，问吾国颁布及奉行之大略，谈约三十分而出。 文部省听讲实业学校概略

五时归寓，晚餐后到会馆阅《大公报》及诸旬报，听铃木君教音乐。十时后归。与伯颜、旷生谈。十一时睡。

五月二十三日　晴热。

天文台参观。第九次听松本君讲。

六时半起，八时同旷生、伯龄、鉴塘赴麻布区饭仓町三丁目，随弘文外塾诸君参观天文台。主者先展案上所列图书讲星月诸形，又导至一室观子午仪。对镜窥之，但见纵纹三道，横纹一道。主者讲说许久，惜译者不通此学，不能译也。又导入一室，余以人太壅塞无所见。又导外一楼中，设大镜筒，其顶为圆盖（如瓜瓣形），能旋转以就日光盖如瓣形，敞其一瓣，斜植其筒使日光射入。主者以白 参观天文台

纸承其光，可以察见日之黑斑斑痕甚微茫。又导至一处，室之外有一斜立之圆镜，又一横卧之镜筒，此筒引长达暗室中，日光自斜镜射入筒，达于暗室壁上，日之形状显然可识，能以照像法为日写真云。

十一时辞出。三泽君赠所著天文书一本。三泽君者弘文讲师，今日偕师范生同来者也。三田乘电车至锦町下车，今用午饭。

文部省听讲实业学校类型

午，文部听松本君讲实业学校甲乙两种，三时半出。三省堂阅书，买《汉和大字典》一册。

晚，李伯芝、王峄山、顾仲康德邻，泮香同年之子来。

五月二十四日　晴

第十次听松本君讲。

六时起，写日记，写复张云搏信。八时半偕张、高二君赴文部省，松本君谈实业学校事。已毕，约定二十六日往文部省各课参观。十时半辞出。乘电车至上野日本料理屋昼食。赴教育品制造会社商订物品，入其工场并楼上废物处一观。四时回寓。商酌应购物事。

晚饭后赴留学生会馆，是日音乐演习。九时半归。何燮侯宿，与旷生谈。

发信：寄张云搏。

五月二十五日　雨。高等工业学校观卒业式。

参观高等工业学校毕业典礼

六时起，邓孝可来。九时半到高等工业学校观卒业式。

一卒业证书授与

30,5,25

—修业证明书授与

—特待生选定

—文部大臣授优等生奖品，又授课业尤勤者奖牌一年不旷课铜牌、二年银、三年金

—森村丰明会优等赏给与森村者巨室也，以六十元奖最优之一人

—校长演说甚久

—文部大臣演说预书一笺诵之，寥寥数行而已

—来宾大隈伯爵演说言三十年日本工业之进步

—本校卒业生总代答词执纸长方形，两纸一表一里，表题“答辞”两大字，里即其辞也，立谈也。下同

—附设工业教员养成所卒业生总代答词

—选科修了外国人总代答词洪镕读之

式毕入休憩所，十二时后归。

写寄约敏信。

附记：是日高等工业学校卒业生：机械科四十三名内优等一人，曰远藤政直、染织科色染分科六名、染织科机织分科五名、窑业科四名、应用化学科十六名、电气科电气机械分科十五名、电气科电气化学分科三名、工业图案科五名（计九十七人）。各科毕业生人数

附设工业教员养成所卒业生金工速成科四名二学年一人，一学年三人、木工速成科三名二学年一人，一学年二人、漆工速成科一名一学年（计八名）。各科毕业生人数

高等工业专攻科修了者，应用化学科专攻生一名、机

械科专攻生一名。选科修了者，染织科色染分科选科一名、染织科机织分科选科三名、窑业科选科二名、应用化学科选科二名王守善、周培炳、机械科选科五名范鸿泰、洪镕、其他二人日本人（计十三名）。

附设工业教员养成所附属工业补习学校修了生（八十二名）。

以上卒业、修了总计二百名。

高等工业学校特待生七名。

奖赏品者四人，森村赏者一名，奖金牌者五名，银牌者二十四名，铜牌者五十名。

工业教员养成所，金牌一名，银牌九名，铜牌十一名金银铜合计百名。

与旷生谈话，托其代拟信稿。

赴曾志忞约，十时后步归。

发信：寄约敏侄，答三信事并叙近日居东情况。

五月二十六日　阴。

文部参观。

参观文部省各局

六时起。八时半同伯、旷二君往文部省。松本君导观各局，晤次官文书课长文部大臣秘书官兼文部省参事官松浦镇次郎，文部书记官渡部董之介。松本君日内似有他事，颇匆遽，仅草草阅一周，未及详询为憾。十时半辞出归寓。

午后欲往看王子制纸厂，因时已晚，未果往。高等学校留学生朱伯渊、周瑞伯同来，朱言将往旅行，特来告

30,5,26

辞。周，湘阴人，极明爽。

梁璧垣之弟鼎甫来访旷生，谈片刻。

和田君来言，长冈子爵与根津君为介绍此间文学夙著者数人，不日将介绍书送来。

收信：约敏侄、黼儿、舒儿。

五月二十七日　雨。

清风亭同乡会。

七时起，九时半同张、高二公答拜周崧甫太守，谈刻许。往清风亭，是日同乡开会，为速成师范诸君饯行兼及张伯翁及余。到开会已久，仅闻崇儿演说暑中之卫生。又崔子玉、吴鼒臣演说求学作事之道。十二时会食。原拟撮影，因雨未果。一时归。 同乡开会

写致胡、杨二公信，未完。

晚与旷生、伯颜闲谈。

收信：罗顺循，附致晳子一函。赵幼梅。

五月二十八日　夜雨近午乃止，晚十时又大雨。

未出门。

七时起。阴雨终日，未出门。写信。

何仲书午前来。何燮侯灯下来。

和久屋吴服商店持周瑞伯名刺来。

崇、怡、钟俱宿伊藤方。

五月二十九日　雨转晴。

七时起。拟复陶杏南信，未就。

钞松本参事所谈。

午后于子极、毛子龙、黎伯颜来谈。

夏孝斋绍范，湖北知县来访，谈次知其令伯即时泰，其令尊即时济，皆壬午乡举。陈梅生嘉定，又孝斋之外舅也，孝斋曾署宜昌之归州，此次奉派游历。

贵州诸公欢迎会

夕赴偕乐园贵州诸公欢迎会，主人夏用卿同龢，麻哈、朱一清平越、朱文伯学曾，一清令嗣，同，成城、熊石安朝鼎，贵阳，宏文、董熙台恩禄，思州，同文、金舜孳瓯，用卿之戚，贵阳，政法速成、蹇季常念益，遵义，早稻田、于子极铁道、蹇方叔先榘，遵义、刘子明叙五，清镇、毛子龙邦伟，遵义，高等师范、何仲书培琛，高等学校、黎伯颜渊，遵义，法学院卒业、黎仲苏迈，遵义，高等工业。十时归。

发信：约敏侄，附致女塾诸生。胡、杨二公、罗顺翁、李少卿观察、赵幼梅、陈敬韩。

收信：东亚同文会送来长冈子爵介绍书，伊泽修二君送来所著《东亚历史读本》三册。

六月初一日　晴。

寻常师范学校参观。三省堂印刷所参观。

参观府立师范学校

六时起，同旷、伯二公步至饭田町，乘人力车欲乘汽车，时已过往青山参观府立寻常师范学校，晤校长泷泽菊太郎、书记天野静也，谈片刻。天野君导观附属小学校寻常三年者一室，师教习字；寻常一年者一室，师教算法教法最善，上半年教至十数，与一桥之小学校同。又高等三、四年女生一室，师教生理。又单级者一室，有习字者，有诵读本者，其师皆第四年师范生为之附属小学校师范生轮流教

30,6,1

之。师范学校之教员随时稽察，以核其成绩，教员每周间亦担任一两时间云。观自修室、寄宿舍、盥室、食堂，皆精洁修整。过观师范生教室，自门外觇之，生徒皆端坐听讲，静肃异常。

十时半辞出，乘汽车至饭田町下，到留学生会馆借地用饭，遇著芗、玉孙、柘公。余同旷生至外务省访翻译官岩村成允，谈片刻。闻小田大臣、珍田次官及山座君均不在，留刺焉。

到日比谷公园小憩。

乘电车至万石桥下，访重野安绎君不遇。

到三省堂，其店员奥村君导至三崎町，观该堂所设印刷所。凡活板机三架，每架日可印万纸，石印机日可印六千纸云。捡英字母者皆曾考选，大都中学校〔毕业〕。参观三省堂印刷所

六时归，玉孙、柘甫二公在焉。晚与二公畅谈。

买绣画十馀幅。

赞廷来谈甚久。

六月初二日　王子制纸会社参观。

六时半起。伯、旷二公、余及智怡凡四人，自万石桥乘电车至上野易汽车至王子过田端，观造纸厂。是厂凡机三分仅观其一。先至楼之最上层，堆蓝布条高可及栋，有女工检拾，筛去其渣滓，此为入手第一工。次则剪，次则煮，次则搅，次则洗，至洗净后乃入制纸池中。池与池相接，池尽则轴与轴相接，轴之内含蒸汽，纸经一遭则湿者渐燥以至于干。在此端为浓汁，在彼端已成白纸，真绝妙 参观王子造纸厂

也。导观者店员清水金六君曾学制纸于美国由三井行介绍，凡二年。

后乘汽车归，至上野公园之三宜亭借地用饭。饭后余同旷生访井上哲次郎文学博士，谈约一小时。井上君于二十年前留学德国，凡十年。识吾国陈季同、赓音泰。论日本教育得力在德川最后三百年，既重儒学又发明武士道，不遗馀力近三十年，复采西洋之所长，故益觉完全。又言日本维新之政，吉田松阴之功为多，山县、伊藤皆其弟子。其时诸贤放胆直进，乃有今日。亦武士道得力之一证也。又言宗教界限渐次融化，不论教之异同，但论理之邪正，如日露之战英美皆表同情于日本，此其大验矣。谈次时作清语，但不能多耳。

井上哲论日本教育

访山川健次郎不遇。

访田尻稻次郎法学博士，老儒也。曾学于西洋，明治十二年始归。言在大学已二十六年矣。论日本明治初年学制大略，言欲考学制之沿革，有法令全书及文部省之年报，捡阅之，可得大凡。如有见问，随时可来谈云。四时辞出。

老儒论日本学制

至留学生会馆阅报，五时后乃归。晚筱庄、用卿、子龙诸君来谈。

收信：约敏，五月十五日发。林、卞二公五月十四日信。

来客：邓芷溪太守沅。

六月初三日　阴凉，晚小雨。

30,6,3

国民教育社附设幼稚园参观。

早稻田大学卒业式参观。

六时半起，同高、张二君步出，拟观所谓神田小学校者。过三省堂邀其店员奥村君为向导，入一幼稚园，主者以将休息谢。又过表神保町一番地，入一狭巷，门前榜曰“幼稚园”，又曰“国民教育社”。入见主人，主人曰多田房之辅，为国民教育社长，又为国民教育会主干，园乃其自立也。据言初立之时拟招六十人，及开学仅得十人，时已方为他处教员，悉以月俸所入供园费，其妻君众徒效力焉。积久始渐发达，来学者日益众，教授管理诸法在东京自谓不后于人。又言官立幼稚园月收百馀元，尚不足用，此则仅需五十元而足，人出月费七八十钱耳。又自言由十五岁即从事于教育，十七岁入师范学校，其妻君亦师范学校卒业者也。谈次以杂志数册见赠。其书名曰《日本小学之教师》，月出一册。所载社说、时评、杂录等等，大都论小学校事。多田君即杂志之主笔也。国民教育会又改称大日本小学教师协会云。(参观国民教育社)

十时半辞出，至三省堂小坐，约奥村君同至料理屋午饭。饭后阅书肆数处，同赴早稻田大学观卒业式。入场后授优等生奖品，校长鸠山和夫演说，得业生总代坂本幸太郎答词，清国得业生林棨答词，学监高田早苗报告，校友总代增田义一祝辞，来宾大石正己演说，干事告散会，乃出。来宾甚众，余所识者惟久保田文相、嘉纳校长而已。吾国杨公使亦至。六时冒雨归。(早稻田大学卒业式)

晚奥村君来。

六月初四日　早阴。

实践女学校观卒业式。

实践女校观我国留学生毕业

六时起。八时后同旷生赴实践女学校，观我国留学生卒业式。九时后开会，唱歌，校长下田歌子演说。授证书讫，卒业生陈彦安诵答词，又来宾一人读祝词。陈彦安奏风琴，又唱歌，大家相对致敬乃毕。卒业者二人，一钱一陈。钱为念劬先生之子妇，陈则章仲和之妻君也。又方监督之夫人亦与其列得证书，闻系领修业证书云。

观清国学生成绩

卒业式毕，入一讲堂观清国学生成绩，织绣图画为多，有极工者。其相对之壁上悬日人成绩，大镜两方皆织绣者，写生妙肖，非吾国女生所及矣。茶果飨客，列长案如西式，进食、彻食皆校生为之，食品亦皆校生所制。又旁立数生为客挥扇，余谓旷生此日本所独，东西妇女殆不屑为。

十一时半辞出，至一ツ桥通西洋料理屋午食。食毕，三省堂小坐，阅览《官报》《教育公报》、职员录及诸书坊之书目。拟访辻新次君，电话询之，知已旅行。再访重野安绎君，不遇。

依田雄甫赠所著书

归寓遇智崇，言将同伯苓师往龙门馆，余因从之行，至杨陆宾室坐许久。六时归，晚依田雄甫君来访居牛込区神乐町二ノ二十五，君曾以所著《地理指掌图》见赠，索予题词。君所著又有《世界历史》及《世界读史地图》，读史地图今始成，将出版。君曾在青山师范学校为教员五

30,6,4

年，今则为幼年学校教授，与和田君友善。

收信：平泽君赠所发明制造之药两裹。

发信：林、卞二公。

来客：胡绥之、罗荇农、崔子玉、张文澜俱未晤。

六月初五日　晴，酷热。

亚雅音乐会。

六时起。八时后同伯苓、鉴塘、伯颜三君子往吾妻桥札幌麦酒会社赴亚雅音乐送别会。到者一百三十馀人，日人则铃木、伊泽、高桥诸君也。十时开会，曾志忞演说开场词，严智怡演说音乐会期望卒业诸君之意旨，钱念慈演说答词，会员唱国歌，会员唱留学生歌。沈君强汉以洋琴谐昆曲，陈彦安女士奏风琴，华君振吹笛，而潘君志憘以日本喇叭谐之，曾志忞夫妇合奏风琴，会员合唱送别歌。十一时会散。十二时会食饮麦酒，食番菜。午后在池边石上撮影。园景俱佳，伊泽君言此藩侯故邸也。 赴亚雅音乐送别会

三时乘电车归，陆宾与俱。晚，鼐臣来，子玉、古里、海门来谈。十时睡。

智钟宿其兄处。

收信：约敏，五月二十二日发，附女塾诸生信九件。智开信一件，约敏寄崇、怡信一件。又品侯、子久信各一件。女塾寄智钟信一件。约敏寄智钟信一件。

六月初六日　阴。热少减。

昼未出门，夜观活动大写真。

七时起。未出门。写复陶杏南、魏梯云信，又别复梯 夜观活动大写真

云信，批改女塾诸生来信凡十件。写寄约敏信，写复女塾诸生信。晚同高、张、张、杨、胡、李六君子往观活动大写真，过三省堂邀奥村君俱往。演日露诸战事及拿破仑一生事迹，其他馀兴数事，十时散归。智怡来，智钟从其大兄宿。

发信：寄约敏并女塾诸生附批改信一件，章程、唱歌集等七纸又三本，复陶、魏二君信。

外务大臣持刺来拜

来客：外务大臣持刺来拜。

六月初七日　早薄阴。

六时起，写赠手岛君诗幅，为弘文外塾受付人宫本书联额，又为其会计（赤松）书屏额。

弘文外塾今日开考

午答拜邓芷溪。到弘文外塾一看，因今日开考也。余至时试验已毕，谈片刻。访和宣，约明日赴日光。夕归。铸生、仲先、陆宾及教育品社员中村在此久谈。

发信：致陈表叔论诸君栖居。

六月初八日　六时起。八时同高、李、张、黎四君乘人力车至上野登汽车，九时开行赴日光一等票三元十一钱。

至日光町游览

至宇都宫易车，是处为交道，一赴日光，一赴青森也。二时顷至日光町，有神山旅馆之支店在停车场旁。其店员为雇人力车送至其本店。松树夹路，古阴森森。树尽则为长街一道，约行半里许即至神山之本店，宿其楼上。楼面山，其下有亭有池，绝幽静。

伯颜携有小说曰《官场现形记》，是日恰无事，读之至尽。发信：寄约敏。

30,6,9

六月初九日　六时起。早餐后，五人乘人力车出日光町。町尽，见一长桥名曰“神桥”左行则为东照宫之路。过桥循足尾运铜之铁轨行遇载铜之牛车甚多，至交道处右趋其左通足尾，少顷入山径山下旧路废。曲折而登，路尽，至一茶屋小憩。其地曰“马返”，恰居神桥与中禅寺之中半也案内记云，马返去神桥一里三十町，去中禅寺一里馀。又行小路许久，至中茶屋。中庭大石题曰“磁石”，伯苓君以南针试之良久。又行过华严泷有木牌书“华严投身制止”等字，有茶屋。循山路降至泷之下端处，有铁栏环之案内记云，长七十馀丈，阔三间馀。水声轰轰，白雪瀑飞，虽不如贵州黄果树瀑布之巨，然亦足以为观美矣。自此分两路，一小路至中禅寺不过十町，其一大路则三十町许也。众皆欲行小路，路崎岖，既陡且滑。诸君从容而登，余则喘汗相属。行数折后登车，迂迴而登，路宽坦，殆即案内记中所谓“太平坂”也。坂尽，穿丛林直行，平旷弥望，不意山顶乃有此大高原也。原尽见小溪，不以为意。忽一转，大湖当前，惊喜不可名状。至湖滨旅馆名“米屋”者，入焉。初意今夕仍回日光町，因爱此湖，辄复作半日勾留焉。五人泛小舟于湖上。晚，余与高、黎二君复泛于月下，生平胜游以今日为最矣湖名“南湖”。

游日光町

生平胜游今日为最

米屋旅馆精洁之至，女中皆恂谨，东京不数见也，且价不昂一宿日本料理二元二角，西洋料理二元耳。十时睡，衾褥皆精洁，虽不甚华。

女中即女服务生

发明信片二，一寄智怡，一寄智惺。

六月初十日　六时起。早餐后下山。车行甚速，不停留，仅于过中村屋时一小憩耳。十时至神桥，舍车步寻东照宫先至一庙，其中有取扱所买拜览券，每券八角，有一人作向导。案内记中所云石华表、五重塔、石灯笼、三代将军手植之槙、御厩、鸟居、钟鼓楼、朝鲜钟、阳明门、唐门、拜殿、本殿、奥院等皆一一周览。东照宫本为德川将军之家庙，德川之第一代曰家康，建庙者家康之孙，所谓三代将军也。金碧璀璨，穷工极巧，乃至一灯之制亦需万金，即其他可知矣。某殿之古有贮宝物室，所藏皆家康生平用物，自舆服、刀剑、杂佩，乃至乐器，无一不备。所见有牙笏皆编钟等，皆华制也。奥院特藏家康生平文札，历石阶二百七级而始达。老树皆数百年前旧物，五人仅可合抱。游此宫想见当年将军之势力，而日人保守之善亦足称矣。别有三代将军庙，因时迫未入。二时归神山旅馆，午后校读弘文外塾所记讲义至夜十时，仅草草一过耳。

东照宫

三代将军

“皆编钟”疑作“及编钟”

六月十一日　五时起。八时后至车场，八时五十四分开车。十时后至宇都宫，至一旅馆用饭。二时后复登车至上野。时大雷雨，冒雨归贵临馆。

晚，张文澜、邢赞廷、廉励卿先后来。

收信：约敏五月二十六日信。

六月十二日（即阳历七月二十四日）　五时半起，补数日日记，写寄尹澄兄信，论厘捐事宜仍旧，并谢惠青田石印章。剃发。九时同高、张、张三君往九段坂上，与同乡诸君照相，十二时乃毕。

30,6,12

西洋料理屋午饭，伯苓、鉴塘、陆宾、润甫、伯颜、季常及余父子四人，凡十人。饭后答拜陆仲芳，不遇。归寓拟访马拱辰，电话询之，言已他出矣，乃已。柘叔、小庄、际唐、著芗、哲子、润甫先后来谈。晚阅《大公报》《警钟日报》，为伯芝书扇。 西洋料理

收信：约敏五月二十九日信。渡边龙圣自长崎西历七月二十日信。伊泽君信言，帝国教育会长辻君已代介绍，明后日下午四钟相候。

发信：致澄甫兄。

六月十三日（即阳历七月二十五日）　早雨甚大，午后止。

五时五十分起，为三省堂店员奥村君书扇。木崎盛政君精测绘舆地之学，曾在参谋本部，今为政教画阁之主干。是日持伊泽君名刺为介来访，携所著地图若干种。 木崎盛政精测绘

冒雨访马拱辰，商数事，且言改长期之三人拟移川费为在此守候之旅费，暂付每月三十元，俟续派者月费有确数，或较此数为多再补给之，总之一律。谈毕，仍冒雨归。

写字幅：坂田、平泽、根津、伊藤、石出、长冈。

陈乐书来。

夕，伯颜谈振贝子、伦贝子及李、蔡两公使旧事。 伯颜谈相关旧事

佘仲先来，余劝其译学报。

晚，李紫洲来坐片刻即去。与伯苓先生议天津立分科学堂事。

收信：根津一阳历二十八招饮。陈柘翁信言今日有柔道角胜，可以往观。芸生寄来直隶师范二十三人姓名履历单。

发信：复柘翁并寄还参观笔记一本、教育学一本。

收信：嘉纳约十五日往观卒业式。

观风琴制造所

六月十四日（七月二十六）　五时半起。铃木君约赴横滨观风琴制造所。君七时半至，随约伯颜、旷生、柏龄三君，余及智怡凡六人至新桥。九时开车，十时到横滨，步行至日ノ出町。该所临河，主人曰西川氏，少时能制三弦，闻西乐而美之，乃学制风琴之法。又因制西琴，为通西乐乃学西乐，且学且制。始明治十年，至今二十馀年矣，遂为日本全国业此者之巨擘，西人无不知有西川某者，其子某又往美洲学之，三年而归。该所所雇工匠大都听西川父子之指挥，ピアノ（钢琴）之内容买诸西洋而自装纳，オルガン（风琴）则皆自制。不但不借资于西洋，且所制者恒运往西洋销售。铃木君云，西川君，日本一奇人也。信然。

西川父子导观各工作，其中以木工为多。大都以机器为之，或截或刮或钻或削，皆敏速异常。凡诸工之所为，其子皆能之，一一为余等试之。

阅毕为天津学堂买オルガン两具，又留茶饵酒肴小啜，乃别去。

旷生、伯颜候于山下木牧町之镜海楼，佐儒在焉。谈约一小时，因有帝国教育会之约，匆匆先告别。同旷生、

30,6,14

伯颜乘四时半汽车归。下车同旷生赴一ツ桥通町二十一番地帝国教育会，晤会长辻新次君，极谦和。示以会中规则及公报，因言是会设置之概略。是会之设为研究教育学术之事项，调查教育上须要之事项，兼设书籍馆、学术讲义会、教育俱乐部，发行有关教育之杂志，印行有益教育之图书，此其宗旨也。有职员，有推戴员，有名誉会员，有评议员，统谓之会员。皇族之乐于赞助是会者，依评议员之申请为推戴员。教育家、学术家、诸有名望之人能赞助是会者，经评议员之评议，更由会长推选为名誉会员。理事者为职员。计会长一人，主事三人，参事二人。会长于总会选举，二年一任，主事及参事于评议员会选举，任期亦如之。评议员三十人，就在京者于总会时选举之，任期亦二年。会长者，本会之代表也。主事分掌庶务，参事调查议案，监查收支经费。主事、参事皆受会长之指挥，会长得置书记若干名，会长得使用雇员。会长、评议员议长、评议员主事、参事及委员皆名誉职。书记之俸给及雇员之日给皆由会长定之。 帝国教育会概略

经费以会费与基金之利子及其他收入金充之，基金之管理监督经评议员会之决议定之。

总会分通常总会、临时总会。通常者每年开一次，临时者或会长有认为必须会议之事，或会员五十名以上有欲会议之事，皆可开之。

评议员会于总会所已议定之事项，议其执行之法，或由会长附议之事项，由评议员会决之。评议员置议长，由

评议员互选之。

会员年纳金一元五十钱。若同时纳二十元以上，得为终身会员。

辻君导观书籍馆及讲议会之讲堂讲议会每岁开之，每季十回，又谈片刻。辻君言有志为吾国谋适宜之教育，若能精选青年子弟十五岁至二十岁者二百人来此留学，授以普通学，辻君能担任之。余问与同文学院有无区别，辻言学科及办法大略不能悬殊，但人各有所独到，使某为之，必可使其方针不谬云云。余言热心诚可感，但同时精选百馀人程度适齐者，良非易之，容徐思之。六时别出，与旷生食西洋料理。饭后步归，过三省堂小坐。

留学建议

高等师范豫科上元伍君及其弟同子龙、仲苏来谈。

收信：陈柘翁。

六月十五日　六时前起。十时同旷生访矢野文雄，不遇。访户水宽人，谈片刻而归户水君论中学校科目宜备，而程度不必过高。为于子极、大野铃子书扇三。

同张柏兄及智怡赴弘文学院访嘉纳君，谈约一小时。是日，直隶速成师范班举行卒业式，自四时起，院长授证书讫。演说勉学之语，任小山传译。次杨公使演说，言办事宜有次第。次马监督演说，言教科书关系甚要。次华芷舲读答辞。六时式毕，遂归。

直隶速成师范班卒业式

失候渡边龙圣。

晚饭后，伊泽君所介绍之伊藤允美来谈，先索纸笔书挨拶语，汉文颇条畅，旋嘱智怡传译。大意谓志在学汉文

30,6,15

语，拟赴吾国而不得机缘，恳余为之留意，且言北村、牧野田皆其至友。余言欲赴清必须俟有相当适宜之事项，否则如岩村、大野诸君殊困难。且君抱上等学问，在本国何患无所事而郁郁居异国耶。容吾归后留意代谋之。伊藤，文学士也，三十四年大学毕业，曾在帝国图书馆司书，现在泰东同文局为局员，学清语。

伊藤允美意欲赴华恳为留意

三省堂店员奥村及运送店某同来议，将余之书籍随师范诸公例运送回国，包裹缠束，十时乃毕。约明早来装箱张柏翁洋书，张仲仁皮球一个，王严诸大图，教科书二十二包，内有伊藤所赠石板一包。

伊藤允美居小石川久□□町十九番地三十九号。

六月十六日　六时起，奥村来装书箱。八时半同旷生往访渡边龙圣君，君寓芝区田町六丁目□番地今村方。行约一小时乃至，谈许久，所议事项如下：

与渡边所议事项

一、东文学堂并入师范学堂，其旧教习两人既辞去，渡边之意另延一人，依单级学校教法，于日文外兼授普通学，月俸或百五十金或二百元。

一、师范堂日本教习新纳改教图画，仍兼博物。另延博物专科一人。又另延地理教员一人，手工一人。余言增音乐一人，渡边之意见亦同。

一、师范堂日本教习辞退之五人，合计月俸五百五十五两。新延之四人即以此数分配之，如不能恰符此数，即少有增减亦无不可。

与渡边所谈事项

一、辞去之教习五人至华历九月二十日期满，新延教习即按此日期接算。

一、师范堂三年生至今年九月计算，尚差两年三个月，新延教习应订至中国光绪三十二年十二月止。后如续订，另议。

一、赴华川资依旧例百五十两。

一、今年续派学生四十人，渡边欲与嘉纳约定悉入弘文学院。其速成者无论矣，即长期留学亦令在弘文预备普通学。余谓长期诸君程度不齐，志愿亦不一，须俟临时再定，如能悉入弘文即临时再定亦未为晚。

于渡边许得月舫同年书，言六月拟进京祝嘏，速余回国。又言续派四十人拟严行甄别，因愿出洋者人数太多云云。今村氏庭宇精洁，园景尤佳。渡边导登山上，老树蓊翳，望见东京海湾。十一时后辞归。

归寓后，赴根津一君之约于有乐町日本俱乐部。客惟余及智怡，无他人。二时饭毕，辞归。

根津谈中国法律

根津君论程度低者不宜学法律。又言中国宜集古来法律，采撮精要为一编以资传习。惟国际法、商法皆古所无，当以今世所行者补入。又言法国律例不宜于中国，其意盖主保存国粹而尤防邪说之横流也。

根津君荐一上海同文书院卒业者，谓可渡清襄赞学务。

毛子龙、王古里、王宋坡、王彦和可庄前辈令嗣，名孝缉，全闽师范学堂斋务长，派遣考察学务委员、杜行陀伯桀，师范学堂庶务长，亦考查学务委员也。二君寓牛込扬场町二十番高阳

30,6,16

馆、张右卿、高阆仙、赵次原、胡玉孙、刘竹生、芸生、徐毓生、李芹香、华芷舲先后来谈，至夜十时乃散。

收信：胡月翁。陈柘翁送来所录嘉纳校长演说。

六月十七日　雨。

终日未出门。

六时起，写寄周铭久信，附赠湖北师范讲义四册。为芹香之友书扇二，检点书籍。为三泽君书绢幅。是日来客：鼐臣、筱庄、芹香、芸生、挹辰、柘表叔、胡玉孙。

发信：寄周铭久信，托伯颜觅便。致马参赞言添请棚桥、佐佐木。

收信：根津一君送来去年某君致清国大官书印本。

六月十八日　午大雨。

六时起。子文及伍氏兄弟来。九时前同伯颜往观法政速成科，先晤其事务员荻原敬之，晤梅谦次郎，谈片刻。听梅君讲民法（因于诈欺之错误），伯颜译之，听讲者逾八十人。十时半辞出，访范静生不遇。过森田馆与筑生、柘甫两先生谈片刻而归。午后宫本秀吉来，因闻余欲参观柔道术，来作向导也。一时同伯翁、宫本、智怡往讲道馆，嘉纳君已前至。观诸人两两相角抵，自一时半至四时乃止。柔道乃日本固有，或谓当吾国前明时传自中国，理或然焉。维新以后斯道渐微，嘉纳君以家传兴复之。始自明治十五年，今二十馀年矣。其道乃倍盛于古时，因研究愈精，教授之法亦愈善也。学斯术有入段、不入段之分，入段者自初段、二段乃至六段、七段，以次渐增，略如围

听讲民法

日本柔道

棋者之有高下也。全国习此者七千馀人，入段者仅二百馀人，最高者六段。第一姓山下，今往美国传此术。次曰横山，今日所见之人，此为最优者也。又五段一人姓富田，今为学习院教师，是日亦在焉。横山体干丰伟绝有力；富田则灵捷轻便，善于用巧，二人盖有天人之别，而富田君尤善教人之教子者。皆受学于嘉纳，故言柔道必推嘉纳君为巨子云。

言柔道必推嘉纳为巨子

约嘉纳君往上野公园梅川料理屋晚饭，谈教育行政甚详，摘要录后。嘉纳君言教育分三类，曰学术，曰教育，曰教育行政，今先论其第三。

嘉纳谈教育行政

小学、中学同时举行，不必候小学毕业再立中学也。择年龄之长入中学，中学之课程不过视小学略高。

师范学堂先立寻常者，其高等者可缓，不必同时并立。俟有进步，其中可分为寻常、高等两部。程度再高，然后改为高等未晚也。但师范学堂中可附设教员养成所及补习所之类。外国语学校当立，然必选本国之文也，通者入之。

师范学堂先立寻常高等可缓

留学日本者，除速成外，必须在本国预备日语五年。

视学最要，教科书最要。

总长以下有副之者，略如文部之次官，次官以下又一人辅之，有此三人则责任有属而事毕举矣。总长去，则次官。总之，如是则方针不至屡变。

九时后嘉纳君辞去，余等亦归寓。

收信：宏文外塾书记赤松又次郎问候兼求书字幅。

30,6,19

六月十九日　大雷雨。

六时起。写请客叶书，订二十二日宴贵州诸君于富士见轩。写未及半，根津君介绍岩间德也岩间居秋田县南秋田郡广山田村楢山、牧野谦次郎先后至，各谈许久，旷生传译。

十时同旷生访晤穗积八束，理学博士也。有道气，庄而和，谈日本昔年立法律学校之大概，以所著宪法书见赠。十一时辞出。 理学博士谈立法律学校大概

又同访平泽繁次郎，言中国今时兴工业高等者可暂缓。又言于学校内设工场，不如因工场增学校云云。十二时辞出。

李和宣、曾志忞、朱一清来寓谈。

午后同伯翁、旷翁谈。

柘公、芸公来。

晚，复与张、高二公论天津立分科学堂事，拟约旷生回津襄办，执不可。

收信：根津寄来一纸。

六月二十日　六时起，伊藤伊吉君所介绍之文学士小川银次郎芝区三田町四丁目二十九番来访，初至时旷生未起，两人以笔谈，旷生起乃为传译，计谈三小时之久。君以明治二十四年大学毕业，曾为仙台第二高等学校教习，继而辞职来东京，于各私立学校为教授及管理财政，又于芝区私立净土宗教大学院教西国史及最近世界史，又于芝区私立高等女学校为干事，又在海军大学校教近世世界外交 伊藤伊吉

史。其学盖深于历史，其持论谓私立学校胜于官立，颇有意至吾国襄助私立学校云。汉文极通畅。

拟至森田馆未果，而伯颜及马晓珊先后来谈，遂已向午。午后假寐两小时。嘉纳君五时后至，约同至两国桥附近之日本料理屋晚饭。其地俯临隅田川，景色绝佳，肴馔亦精美。九时后辞归。

六月二十一日　六时起。伊藤伊吉君及所绍介之三角锡女史来访，谈约两小时。三角君曾卒业于高等女子师范学校，继为师范学校教习。今在芝区高等女学校为教头，与小川银次郎同事。科学尤深于理化。父母俱亡终身不嫁。两弟在工科大学皆有声誉，学为众冠，得力于姊教为多。明年两弟当卒业，三角君一身无系恋，拟赴吾国助兴女学云。

三角女史拟赴中国助兴女学

同伯颜访宫岛诚一郎及其哲嗣宫岛大八。诚一郎年六十馀，与黎星使最友。谈次出黎公笔谈一卷见示，其间论及球案及三韩事。又有何公使如璋与副使张斯桂等笔谈字迹，皆二十五年前事也。大八君为张廉卿先生弟子，曾居武昌、保定及西安，操华语绝工，举止亦绝类吾国文士。十二时辞出。过九段铃木写真屋，伯颜劝余撮影留赠日人，候许久乃写毕。两人至宝亭午饭，饭后归寓。复假寐，四时乃醒。

宫岛与黎庶昌等人交游甚密

刘卓冬（《警察法提要》还卓冬）、杨陆宾、杨石门、佘仲先皆至。五时半同张、高两君赴富士见轩，约松本君晚饭，六时至。畅谈至八时散。

30,6,21

文部省所派赴西洋留学生月给费百五十元。

日本有人在德国文部省内学习者，昔年朝鲜人亦有来日本文部省学习者。

次官改总务长，去年又复次官之名。余问何故。答曰，无他，可省则省耳。

大臣有事不至，次官可代主张。

帝国教育会，私立也。与文部并无关系，不过文部仍采其议论耳。

六月二十二日　六时起。未出门。玉孙、晓珊先后来。剃发。午后渡边龙圣来议事如下：

前渡边叙列诸教习姓名，现今诸人多半出京旅行，一时不能延订。渡边又叙列数人姓名，余告以能尽前单选聘最佳，即一时不能订，少缓亦无妨。余归期已近，恐不能候。即由渡边斟酌办理。总之，果系高等师范卒业生，学问当不致太差。至性情品格及于教育事经验何如，则须渡边细考，务期能终局不屡更换为妙。 渡边来议教习等事

新订四人之薪水合之不逾五百五十五两之数，拟或能节省若干，而以所节之数增给旧人亦可旧人如中谷、关本满二年者，可酌量增给，但须看当日合同如何规定。

东文学堂原拟聘一教习照单级学校分级兼授普通学，但此选甚难，即有其人非二百金不能就也。然则以二百金之数聘两人较为合宜，不过多一人旅费耳。

每人旅费照向章发给，渡边云，向章每人百五十金。

晚，富士见轩回请贵州留学诸公，到者十二人，饮甚

酣。饭后同伯颜、子龙、方叔访著香，小坐，十时归。子龙、子文、怡、钟均宿此。

收信：伊泽君来函附赠新著《清国官话韵镜》。

来客：马君武来访智怡。

六月二十三日　晴，凉爽如初秋。

七时半起。陆宾来，至夕乃去。料理行装，午后为宫崎君书扇。下午五时同智怡赴伊泽君精养轩之约，同坐有川村理助泰东同文局员，小石川区白山御殿町百二十七番、斋藤章达深川印刷株式会社，前年旧识、阿多广泉前年同车至西京、伊藤允美伊藤君新为绍介、长原春田长崎人，居东京已二十馀年，音乐家。能奏明乐，携有乐谱一册，名《魏氏乐谱》，据云传自明末逸民云、铃木米次郎，又泰东局员一人，忘其姓名。华人则念慈、润田、止欺及余父子，凡主客十三人。

赴精养轩之约

食前，长原君以自制之风琴依魏谱中所载奏三阕一为《昭夏乐》、一为诗《关雎》，其一余忘之，而自歌以偕之。旋又奏某曲，铃木君以西洋琴偕之。长原君所歌皆汉音，余依谱寻之，约略可辨。谱中每字之旁注日本假名，并注“工、尺、上、合”等字，节有长短朱圈识之，音有高下如尺之高者作“尺”之类，一览可知。吾华人解此者鲜矣，不图异国之人，且当维新数十年之后犹有研究及此者。长原君又携钞本乐器图一册，如胡琴、月琴、云锣之类，种类甚多。惜余未尝肄业及之不能与之考证也。饭罢，长原君又作日本歌，为时甚久，然不适余耳。九时辞出，到会馆听奏军乐。十时归寓，阅《大公报》。志忞仍宿此。

依魏谱奏曲自歌者

30,6,24

收信：惺侄六月十二日发。女塾诸生。

六月二十四日　晴，晚雨。

六时起，渡边龙圣来谈。

音乐教习，渡边意中有三人，最上者多田梅雄明治二十五年卒业，现为音乐学校教授，次为吉田信太二十八年卒业，现为广岛高等师范学校助教，次为铃木米次郎二十一年卒业，东京高等师范学校助教兼教谕。多田ロルガン、ピアノ皆长，馀二人则ロルガン胜，渡边云。 渡边中意之音乐教习

东文教习仍改为一人，若能照单级教法则百五十金，或照关本、中谷例均可。

东文教习须早日渡华，旅费百五十金，予归后即汇来。其师范学校新教习四人之旅费，则随绂臣带来。

渡边约计，博物、地理两教习各百五十金、手工百三十、音乐百二十，所以迁就原定五百五十之数也。余笑谓此不必强合原数，即少减亦无妨。手工、音乐同数亦可，渡边言此固不可拘，但约略计之耳。

渡边携书一册来，书名《手工教育论》，著者芝本为一郎也。曾在和歌师范学校教手工，现在第三高等女学教国语，即渡边所谓虽非由高等师范卒业而资格与之同者也。渡边意似属此人。

范静生源濂，湖南留学生，最有声望。是日来访，谈约两小时。

速成师范第二期当略仿四川新班之意，就普通而别专门。普通者，心理学、教育学、教授法、管理法、编纂教 速成师范拟开科目

科书法，此为必修科。专门者分数类，汉文优者入国语汉文科，或地理历史科。数学优者入数学理化科。他如音乐、体操、手工之类，各就所长而分习之。各以一年为期，归后则于每府开速成师范讲习所。即以此卒业生为讲师，不过二三年，教员不可胜用矣。

午后杨哲子来访。

拟联同志内地调研

哲子、静生、润田、伯颜、季常诸君昨日于清风亭会议，大意谓吾国政法之当改良，夫人而知之，然试问其何以改？则无以对也。徒终日责政府无已时，此惟不恕，曾何济乎？拟联同志调查内地之实况而研究之，拟分四类，曰政治、曰实业、曰军事、曰教育。哲子邀余为会员，余诺之。但须先看其章程何如，余谓当从财政起。哲子亦谓然。

访长冈子爵，送所属书之诗幅并辞行。长冈絮言东三省后来事，剌剌不休，余漫应之而已。又言同文书院事，余谓约束宜严。

访马拱辰参赞并辞行，公使适用饭，未诣见，托拱辰致意。

保定学生十人，加旅费十元拟由此处给发。

保定东文教习旅费百五十金，拟托使馆于学校司馀款拨垫，拱辰许诺。

私费改官费除师范卒业三人外，或七人或十人或再少，拱辰云候余信再办。

慰帅指袁世凯

速成改长期之三人，张误为马，拱辰云寄胡月翁函已

30,6,24

叙明，余到津须再向慰帅声明，回保定时应否补公文再商。

偕乐园赴止欺并润田之约，九时散归。

著芗谈吾乡宜于师范学堂中增速成班，每县平均五六人，令分门习专科，卒业以一年为期每州县解省之每名六十金，计付食宿之费有盈无绌，但另筹教习薪水之费耳，然得地殊难。 著芗谈宜于师范中增速成班

六月二十五日　六时起。渡边所介绍□□人来。一为山松鹤吉原籍三重县一志郡川合村，现为滋贺县师范学校教谕教育学主事，著有《实用教育学》赠予书二部，一即此书，一即前所购《小学校事稿》也。滋贺师范学校生徒四百馀人分九级，教习二十人，事务员四人。附属小学校生徒六百馀人，教习十二人，岁费四万馀元。

一为芝本为一郎，现在东京府立第三高等女学校教国语，曾在和歌〈山〉师范学校教手工，著有《手工教育论》。又自创画圆规尺，赠余一支。

一为多梅雄，音乐教习也，口吃。

一为永井勇助，博物教习也，深目（稍有野气）三十四年卒业。

渡边盛称多梅雄之耳音，而余嫌其口吃不便于教人。余意属铃木米次郎，渡边谓其耳音弗善。 与渡边议音乐教习

渡边言，山松鹤吉学问极优，唯性情是否躁急，当须考察。又言如欲订山松为保定东文单级教习，薪水必须照中谷、关本之数。

渡边陪余赴高等师范学校约旷生同往，参观手工室，

手工教师之泰斗

晤冈山秀吉君，手工教师中之泰斗也。导观标本用具诸室，又观讲习诸公练习诸手工，盖暑假中各府县教手工师俱来此讲习也。每朝两小时，讲习理论，余时听各人实修。参观至十二时辞出，三人共饭于吕波。

冈山君必不能往，芝本亦未必能就，冈山又称一人名者，亦最有名云。

东文教习之旅费百五十金，由使馆垫给，已告渡边。

一时回寓，收束行李。朱一清、乔梓来送行。伊藤允美来伊泽君托于所著读本中署阅又题目录。

伯颜以代拟之信稿见示。

晚赴东洋社今川桥，柘、砚、旷、仲、奥偕行，买手工标

东洋社买标本等物

本四份每二十元二割。官小学、民小学，王，严。用具二份每五十元二割，王、严、纸料等一份五元馀。买妥即托三省堂，俟其装毕时代交运送店运至天津。十一时归。伯颜畅谈往事，二时乃睡。

来客：陈幼云、张体仁、邓子辅、祝砚溪、玉田君、朱一清父子、玉孙。

六月二十六日　五时起。写日记未毕，铃木米次郎来送行，略坐即去。

六时同旷生至万石桥乘电车赴品川，至停车场旁下车。入精养轩朝食。食毕乘人车至智崇所居之伊势屋，著香在焉，志忞、陆宾后至。候伯苓至十一时乃至，约高、曾、张三君往游汤本。先至精养轩中饭。一时前乘火车，

30,6,26

三时后至国府津，易电车行约一小时有馀（过小田原），五时至汤本。环翠楼之支店雇人力车送至其本店。本店在两山之坳，丛树环绕，爽气扑人颜。曰“环翠”，信不虚也。屋宇精洁，席皆缘锦，壁悬字画颇多，有伊藤博文题额及诗幅，华人则俞曲园竖幅题诗一首，诗为寿主人铃木氏之母而作也。晚餐后浴温泉，轻快为生平所未经。十时后睡，智怡八时自横滨至。 往游汤本

夜复连浴四次。

六月二十七日　五时起。小食后，井原外助来谈。据言自保定假归，宿此楼已两星期，谈许久。七时五人步至山下乘电车，九时前至国府津乘火车，十时半至横滨。到山下町梳发、买书，十二时到高野屋。师范班十九人皆前至，又有王稚虹、蒋翼之亦此次同舟归国者也。送行者，伯颜、子龙、伯芝、仲先、陆宾、著香、润甫、石门、战霆、鉴塘、渡边龙圣。一时半出高野屋至港口，二时登小轮船。送行者或同登，或别雇小舟皆送至大船，将开船乃别去，智怡、智钟亦同去。船名 Empress of Endia，英属也，容六千馀吨，至自美洲。余与伯苓居头等舱一百三十七号，船中上下两榻容两人，对面一矮塌可以便坐。矮榻之一端有橱，榻之下有屉，皆可庋什物。电灯、电铃、盥具、饮具、庋板、面镜之类悉具。茵枕皆软燠，洁白如雪。虽室之容积视日本邮船稍狭，而安舒适宜则过之。食堂尤阔，菜品有华字单，多少可随意告之。早餐八钟半起，午餐一点至两点，晚餐自七点起。稚虹、翼之居二等 返程之船 船中设备

舱，舱容四人，而此次乘客少，故蒋、王两君外无他人也。师范班十九人买三等票，既登舟则实无止宿之地，诸公露坐以俟。行李堆绕不能容足，计无所出，争求伯苓向西人言之。伯苓商诸 purser 某君，将一贮货之舱略为扫除，又加木板三层为卧榻，又于梯之旁敷厚布，又于室中设电灯，又将扃固之窗起明，于是十九人勉可容膝。佥以为，非伯苓先生英语之力不能得此也。此船客舱食堂之侍者皆广东人，言语不可晓，反不如听日语、英语，犹或偶有一二字可晓也。晚餐后于甲板藤椅上纳凉。十时睡。

买三等票无止宿地

六月二十八日　晴热。

五时醒，复睡过七时乃起。八时后到食堂，食毕往三等舱视诸君，闻夜睡尚安，因无风浪，终夜开窗尚不甚苦也。就中有数人仍苦郁郁，露宿于舱外。

海中时有物出现，或曰鲸鱼，稚虹云海马也，未知孰是。

三等舱客持票往验

九钟洋人呼三等舱客持船票往验，验讫悉收去（一等舱昨夕已收去）。

十钟回舱，稚虹来小坐。

十一钟有人告船长将来察视，然久不至，后亦竟不至。

午后四时暂停神户港外，候医来验，一等舱但一核人数而已。复前行，约六钟馀停泊卸货。闻洋人云，夜十二时乃开。余等十一时后便睡，醒则船已行矣。

晚饭时一日本人持清水芳吉名片来食堂见寻，盖此船

30,6,28

有日本给仕二人，清水君因之为案内也。延清水君入舱室略谈，据言数日前接智怡信，知余等乘此船归，计今日可到神户，但未知确在何时，今日午前便由大阪来此，意余等必下船入市游览，乃久候不至，故来船相访也。偕一友曰水田竹圃，善画山水，以所画一幅见赠，且云一两年后拟以画游吾国，先北而后南，属余为案内云。清水君馈余食品一匣，谈次陈栢叔来会话，稚虹亦至。九钟后，清水、水田二君辞去，复与稚虹在甲板藤椅上对谈，饮荷兰水。甲板上有一室中设桌椅，盖日人酒保之类，一日人供奔走焉，饮者付价。伯苓云，此即壁悬规条中所谓Bar也。 清水来访

稚虹谈天津工场事，云可试行者数事：火柴、炸蚕丝漂白、石灰木、钮扣、罐诘、腿带、毛巾。

六月二十九日　晴无风。

早食后访稚虹小坐。蒋翊之托寄王字母刻本。翊之在上海寓抛球坊广昌隆绸缎店；杭州城积善坊巷内蒋广昌绸庄交蒋抑卮。 王字母刻本

访师范班诸君谈。凭栏观海，舟行峡中，水色碧腻。食堂中遇一上海人周熊甫寓神户下山手二丁目三十三番十六，商于横滨二十馀年，在神户又五六年。

午后写信二封，一寄智惺，一寄崇、怡、钟。五时后过马关，晚早睡。粤人吴姓商，美洲二十馀年，毁其业，挈妻子归国。与之笔谈片刻，颇有思想。

七月初一日　晴，偶有小雨。

至长崎

早七钟至长崎，停泊装煤。贩夫登舟，陈列货品如设肆然。午三钟开行，水声澎湃，波澜壮阔，幸尚无风。晚看《世界近世史》。

记事：棚桥、佐佐木须致谢函。松田所荐之人须有复函。记东京留款派定数。

东京留款分派

前东京崇、怡馀存之百元上下全尽，智崇作医药及滋养料之费。

新留之陆百元以叁百元充鉴塘及崇、怡、钟四人三个月学费、衣食住及书籍费，以六十元供著香八、九两个月，以七十五元供旷生八、九、十三个月，以四十八元供毛子龙八、九、十三个月，以五十元为公积金，人有缺乏皆可暂借，但借必须还。以六十七元为垫办费，遇天津人托买物者，以此垫付之。

以上所定恐有未当，且同文会、教育会捐款皆未算入，俟再函订，姑记大略于此。

稚虹论北方可兴之工艺

七月初二日　晴，微风。早饭后访稚虹、抑卮，谈一小时。稚虹论北方可兴之工艺，颇有兴致，年力正强，大有可为也。到三等舱与诸君闲话。午饭后假寐，夕观船员抛绳圈赌胜负。五时后演习消防，初见之颇惊骇。五时至六时间水色黑，七时色转绿，见灯塔焉。

七月初三日　中夜醒，船已停，不知停自何时也。余来时乘“永生”船由上海至长崎，行四十八点钟始至；此船约不足三十六点钟，即加入由吴淞至上海之路亦不足四十点钟。

30,7,3

晨未起，竺笙、子畏来言，行李运入一小轮船时，恐人力不能胜，拟烦洋人饬夫代运，请伯苓往商之。伯苓往，则全数已运出。洋人言，俟上岸后可自往认取也。七时半早食，八时登小轮船。一二等客有舱可坐，余贪船面凉爽且与诸君叙话，遂不入舱。小轮初开即见一俄国军舰，六本烟突，船色深墨。烟突已毁折，其一船腰有巨孔，船上俄兵甚多。十时半船抵怡和码头，长发栈无人接客，稚虹往寻之，而长春栈之人至。余意在长发、长春两处分住。因令长春伙友先运行李上岸，甫定任而长发伙友亦至，遂将余与伯苓之行李交长春，而诸君十九人之行李交长发。十二时到长春栈，食面。 至上海

访心容。访杨杏城同年，求定官舱二间，房舱十间。船名“泰顺”。

与伯苓步游四马路，九华楼晚饭。饭后至开明书店，旋步归。培孙招饭，因已饭罢，辞谢。是日稚虹、荃士俱来访。 开明书店

七月初四日　同竹生、芸生赴虹口，竹、芸访何蒙孙，余则谒小舫叔。叔患痢，于卧室见之，谈片刻。午正归，晤渔三、子均。回长春栈，饭后游四马路买书。 虹口访友

青莲阁啜茗，回栈小憩。后往虹口，同子均访刘葆良。

晚，子均招饮于一品香，同坐伯苓、筑生、芸生、蒙孙、葆良，又有黄棣斋大壎、张季臣、项锦湖、渔三弟。 子均招饮于一品香

七月初五日　柘叔清晨来商买船票事。黄棣斋来访，

问东游事，为介绍孙实甫、周庆钟。

午初，同伯苓往长发栈，又回到裕祥（心容所开）。余赴葆良约于万年春，同坐子均、棣斋。又赴荃士约于一品香，同坐夏颂来，馀不悉记。

午后回寓，写寄儿辈信。顾缉翁、王培孙、稚虹、边益园、王心容先后来访。晚心容约食水饺、豆粥。

七月初六日　雨

筑生、子畏来信，"泰顺"船房间不可得。余至招商局访袁仲蔚，未至局也。乃往小舫叔处令仪翟叔往招商局一托，余暂回寓。

葆良来访，久谈。附葆良之马车仍至虹口，是日为庶叔母生日，食早面焉。为陈君季生书屏对，为渔三弟书扇，为字少卿者书对，又书单款一联。三时回寓。

小舫叔赐食物甚多。五时同伯苓登"泰顺"船，七时复回登岸。

买书。

赴顾缉庭、杨杏城约于一家春，同坐徐季龙庶常谦，此番亦随"泰顺"船北行。九时席散，上船。闻子均、心容曾来送行。

七月初七日　早六时开船，八时因风大暂停。同舟郑兰溪二尹、陈小□，皆铁路局员也。又洪九畴同知，云南解铜委员也。

船离上海　一时复开。船买办孙端甫行方，湖州归安人。

风大不得进，四时复停，仍未出海口也。终夜泊。

30,7,8

七月初八日　风未止，十时开行。傍夕风浪巨，舟簸荡，卧以忍之。芸生来余室睡。

七月初九日　七时起。风力稍杀，船渐稳，终日凭阑观涛。晚与玉孙、幼卿、子畏诸君论直隶物产，幼卿云，获鹿产棉，每两不过直四文，行销山西。

七月初十日　四时起，观日出。过成山，八时后风力又大。昨日行黑水洋殊安稳，今日转摇荡，事之不可执定如此。许后散步，凭阑与孙端甫立谈。端甫通英文，论事颇开明，其言各国商船在中海者，怡和行三十馀，太古行七十馀，日本亦七十馀，合之德法两国，殆逾二百，而招商局仍前此三十馀艘之数，未尝议增也，今太古较前已增十倍而吾国殊不措意。余问招商局之船不可航行日本乎？孙曰，岂但日本，虽欧美亦奚不可。患在历来总司其事者无一人游历各国一考商务耳。孙君又言，此船司机器之西人月薪至廉者百五十元，而吾国人之在机器舱者至多不过二十五元。其经验之久，操作之勤，视西人殆有过之，所不及者，独学耳。学与不学之间而价值不同如此，则何为不设学堂以储养之乎？所言皆有见地。余前年乘“立神丸”时深佩其事务长福士德太郎之学识，谓中国之充买办者决无此选，今见端甫，悔吾前言之轻发也。招商局船以“安平”“泰顺”为最新，以载重论，“安平”而外即数“泰顺”，“泰顺”载二千吨，制价二十四万金。

各国商船在中海者

“事务长”前作“事务员”

烟台不能望见，大约午后已过之。晚与徐季龙立谈。

七月十一日　四时起，散步以待日出。东北水面有一

船中见蜃楼海市

黑影甚微，若汽船之烟，又若极小之岛影。已而折为三，居中俨一小山，形方而平。余方与玉孙诸君笑语，一回首则山形中忽现光明。惊愕间黑影渐退而日轮出矣。玉孙言是即所谓蜃楼也。余八九岁时学为试律，即习用“蜃楼海市”等语，顾莫知为何物，乃今始一见之。

抵大沽口

七时抵大沽口，八时小轮船来迎，盖余在沪时预借诸杏城同年者也。端甫言，凡轮船抵口外则悬旗揭示号数，大沽炮营则悬旗应之，而电告塘沽。小轮船盖预奉杨公电嘱，故及时而至也。

竹生留船看行李，馀人皆登小轮行。带小轮船者甄姓把总，大沽人，由湖北调来。十时至塘沽，入肆早饭。午随一点五十分之车行，三点至老龙头站，又二刻至家。是日客来如下：

刘小山、王益孙、华午晴、墨青、次和、赓言、小林、子文、幼梅、冠儒、幼占、晖孙。与林、卞两君谈至一时，又与约敏谈至二时乃睡。

严修东游日记

# 人名索引

### 四画

### 五画


**石芷舫**(湖北派习警察者)
28,9,2

六画

## 七画

## 八画

## 九画

## 十画

## 十一画

## 十二画

## 十三画

## 十四画



## 十五画

严修东游日记

# 译名简释

三画

**女中**

女服务生，女佣

四画

**切符**

票证，票据

**见本**

样品

**手纸文**

书信写作

**手荷物**

行李

**火柴入**

火柴盒

五画

**仕拂**

支付

**加非**

咖啡

六画

**亚尔加里**

alkali　碱

**交换手**

接线员

### 七画

**汽机**

锅炉

### 八画

**取缔役**

董事

**受领**

收到

### 九画

**哪威**

今译作挪威

**便当/辨当**

盒饭

**养气**

即氧气

**给仕**

服务人员

### 十画

**荷物引渡所**

行包提交处

**荷物取扱所**

行包管理处

**荷物配达所**

行包运送处

**株**

股份

**笔入**

笔筒

**伊豫国**

日本爱媛县旧称

**佛独文**

即佛郎西(法国)、独逸志(德国)文的省称

**烟入**

烟盒

**烟卷入**

纸烟盒

**读方**

语文课

### 十一画

**领收证**

凭证,发票,收据

**颇黎**

玻璃

**庶务挂**

总务长

## 十三画

**塞们土**

cement 水泥

## 十五画

**颜洗**

脸盆

# 走向世界丛书一百种

初编三十五种以 * 标出

谢清高 **海录**
* 容　闳 **西学东渐记**
* 林　鍼 **西海纪游草**
* 罗　森 **日本日记**
* 斌　椿 **乘槎笔记**
* 张德彝 **航海述奇**
* 王　韬 **漫游随录**
* 志　刚 **初使泰西记**
* 张德彝 **再述奇**（欧美环游记）
* 张德彝 **三述奇**（随使法国记）

王　芝 **海客日谈**
* 祁兆熙 **游美洲日记**
* 李　圭 **环游地球新录**
* 郭嵩焘 **伦敦与巴黎日记**
* 张德彝 **四述奇**（随使英俄记）
* 黎庶昌 **西洋杂志**
* 刘锡鸿 **英轺私记**

李凤苞 **使德日记**

钱德培 **欧游随笔**
* 何如璋 **使东述略及杂咏**
* 张斯桂 **使东诗录**

黄遵宪 **日本国志**
* 黄遵宪 **日本杂事诗**〔广注〕

陈兰彬 **使美纪略**
* 曾纪泽 **出使英法俄国日记**
* 王　韬 **扶桑游记**
* 徐建寅 **欧游杂录**

谭乾初 **古巴杂记**

王之春 **谈瀛录**
* 李筱圃 **日本纪游**

池仲佑 **西行日记**

蔡　钧 **出洋琐记**

袁祖志 **瀛海采问纪实**

张祖翼 **伦敦竹枝词**

王以宣 **法京纪事诗**

潘飞声 **西海纪行卷**

潘飞声 **柏林竹枝词**

潘飞声 **天外归槎录**

张荫桓 **三洲日记**

邹代钧 **西征纪程**

王咏霓 **道西斋日记**

张元济 **环游谈荟**

余思诒 **楼船日记**

缪祐孙 **俄游汇编**

张德彝 **五述奇**
* 傅云龙 **游历日本图经馀记**

傅云龙 **游历美加等国图经馀记**

洪　勋 **游历闻见录**

崔国因 **出使美日秘国日记**
* 薛福成 **出使英法义比四国日记**
* 薛福成 **出使日记续刻**

陈道华 **日京竹枝词**

**图书在版编目(CIP)数据**

东游日记/严修著.—长沙:岳麓书社,2016.9
(走向世界丛书/钟叔河主编)
ISBN 978-7-5538-0656-3

Ⅰ.①东… Ⅱ.①严… Ⅲ.①严修(1860—1929)—日记
②教育史—史料—日本—近代 Ⅳ.①K825.46②G531.394

中国版本图书馆CIP数据核字(2016)第189590号

DONGYOU RIJI
东游日记
作　　者:严　修
校 点 者:张　毅　陈　松
责任编辑:杨云辉
责任校对:舒　舍
封面设计:吴颖辉　贺红梅

岳麓书社出版发行
地址:湖南省长沙市爱民路47号
直销电话:0731—88804152　88885616
邮编:410006
岳麓书社网址:www.yueluhistory.com

2016年9月第1版第1次印刷
开本:890×1240　1/32
印张:7.875
字数:175千字
印数:1—3 000
ISBN 978-7-5538-0656-3
定价:40.00元

承印:长沙超峰印刷有限公司